Descansar
es resistir

Tricia Hersey

Descansar
es resistir

Un manifiesto

EDICIONES OBELISCO

Si este libro le ha interesado y desea que le mantengamos informado
de nuestras publicaciones, escríbanos indicándonos qué temas son de su interés (Astrología, Autoayuda,
Ciencias Ocultas, Artes Marciales, Naturismo, Espiritualidad, Tradición…)
y gustosamente le complaceremos.

Puede consultar nuestro catálogo en www.edicionesobelisco.com

Colección Salud y vida natural
DESCANSAR ES RESISTIR
Tricia Hersey

1.ª edición: septiembre de 2025

Título original:
Rest Is Resistance

Traducción: *Manuel Manzano*
Corrección: *M.ª Ángeles Olivera*
Diseño de cubierta: *Enrique Iborra*

© 2022, Tricia Hersey
Libro publicado por acuerdo con
Little, Brown and Company,
New York, USA
(Reservados todos los derechos)
© 2025, Ediciones Obelisco, S. L.
(Reservados los derechos para la presente edición)

Edita: Ediciones Obelisco, S. L.
Collita, 23-25. Pol. Ind. Molí de la Bastida
08191 Rubí - Barcelona - España
Tel. 93 309 85 25 - Fax 93 309 85 23
E-mail: info@edicionesobelisco.com

ISBN: 978-84-1172-321-3
DL B 13.119-2025

Impreso en España en los talleres gráficos de Romanyà/Valls S. A.
Verdaguer, 1 - 08786 Capellades (Barcelona)

Printed in Spain

Este libro está dedicado a mi padre,
Elder Willie James Hersey.
Cuando era niña y quise viajar a la Luna… gracias por
comprarme el equipaje en los grandes almacenes Sears.
Eres mi gran antepasado.

¡Espero que leas esto mientras estás acostado!

PREFACIO

El descanso me salvó la vida. Ésta es mi verdad. No necesito que nadie más lo verifique ni tampoco teorías complicadas para respaldar lo que sé que es verdad en mi corazón, mi cuerpo y mi espíritu. Mi peregrinaje con el descanso como forma de resistencia y práctica de liberación es profundamente personal. Comenzó mucho antes de que alguien oyera hablar del Ministerio de la Siesta en las redes sociales. Descansar fue mi intento de resolver un problema en mi vida y, como la mayoría de las mujeres negras antes que yo, trabajé en los ámbitos de mi propia vida e historia para crear un camino.

Mientras me encontraba cursando un programa de posgrado abarrotado, con problemas financieros, enfermedades familiares y la amenaza de la violencia racial siempre rondando, comencé a experimentar con el descanso. Mi compromiso con el descanso como una forma de resistencia surgió de mis experiencias cotidianas de ser parte del ritmo acelerado de nuestra cultura y sobrevivir al trauma del terror a la pobreza, al agotamiento, a la supremacía blanca y al capitalismo. Empecé a dormir la siesta en el campus mientras estaba en el seminario y cuando me encontraba en casa. Creí con convicción que descansaría porque estaba exhausta física y espiritualmente, y no veía otra manera de lograrlo. No podía razonar sobre si saldría adelante gracias a eso y lo único que hice fue lanzarme sin red.

Me motivó la profunda historia del trauma cultural que estudié mientras estaba en el seminario. Leía relatos sobre esclavos mientras estudiaba el terrorismo de Jim Crow y me quedaba dormida con el libro sobre el pecho. Me guio Harriet Tubman, que después de despertar de un sueño profético declaró: «Mi pueblo es libre». La audacia de proclamar la libertad a través del descanso en el ahora. El descanso ha sido revolucionario para mi alma.

Este libro es un testimonio y un testamento de mi negativa a donar mi cuerpo a un sistema que todavía tiene una deuda con mis antepasados por el robo de su trabajo y Espacio de Ensueño. Me niego a empujar a mi cuerpo al borde del agotamiento y la destrucción. Que las fichas caigan donde tengan que caer. Confío en mí más que en el capitalismo. Nuestra negativa dejará espacio para la abundancia. Tendremos que saltar y confiar en el descanso. Que el suelo que tenemos debajo nos sostenga, y si debemos derrumbarnos, que una almohada suave esté allí para acogernos. Este libro es un grito con un megáfono para que el colectivo se una a mí para interrumpir y revertir el estado de las cosas. El Ministerio de la Siesta es una manta cálida que nos envuelve a todos de regreso a nuestro yo más profundo. Un lugar más humano. Un sitio de descanso.

Nunca resulta fácil explicar por qué empecé el Ministerio de la Siesta. Es un proyecto complejo, lleno de matices y orgánico. Desconocidos, periodistas y seguidores de las redes sociales me han preguntado sobre su origen miles de veces. Todos están sedientos de detalles breves sobre por qué se me ocurrió un proyecto sobre la siesta. Me alegra que la historia no haya sido una respuesta fácil y directa, porque, al igual que la descolonización, requerirá un esfuerzo enorme en forma de sanación radical, cambio, redención y cuidado colectivo.

Todo empieza siempre por lo personal. Los orígenes del Ministerio de la Siesta comienzan con la historia de mi familia en fragmentos. Las microhistorias y los pequeños detalles de nuestras vidas contienen las claves de nuestra redención. Mi resurrección del descanso comienza con mi desesperación por encontrar alivio a mi propio agotamiento a través de la curiosidad, la experimentación y la autopreservación.

Procedo de un legado de agotamiento. Mi abuela materna, Ora, la musa de esta obra, una refugiada del terrorismo de Jim Crow, descansaba sus ojos todos los días de treinta minutos a una hora en un intento de conectarse y encontrar la paz. Mi bisabuela Rhodie, según me han contado, se quedaba despierta hasta tarde todas las noches en su granja en la Mississippi profunda con una pistola en el bolsillo de su delantal para resolver de manera creativa cualquier problema con el Ku Klux Klan. La realidad de nuestra supervivencia frente a la supremacía blanca y al capitalismo me resulta muy impactante. Estoy asombrada de lo que nuestros cuerpos pueden soportar. Debemos aligerar nuestras cargas. La supervivencia no es el objetivo final de la liberación. Debemos prosperar. Tenemos que descansar.

De niña, veía a mi abuela Ora sentada en su sofá amarillo cubierto de plástico mientras meditaba durante treinta minutos todos los días. Huyó de su hogar en Mississippi junto con miles de otros afroamericanos durante la gran migración de la década de 1950. Ora flotó hacia el norte en una nave espacial construida a partir de la incertidumbre y la esperanza cuando aterrizó en Chicago. Crio como por arte de magia a ocho hijos mientras esquivaba la pobreza, el racismo y la invisibilidad de ser una mujer negra en Estados Unidos. Su compromiso de «descansar los ojos» todos los días durante treinta minutos era radical. Su capacidad de exigir espacio para «simplemente ser» era una forma de resistencia.

Mientras mi abuela descansaba los ojos, yo caminaba de puntillas por su casa para no despertarla. Siempre pensé que dormía sentada. Sentía curiosidad por su práctica de descanso y pensaba que era muy excéntrica. Cada vez que le preguntaba si dormía, su respuesta siempre era la misma: «Cada vez que cierro los ojos, no duermo. Descanso los ojos y escucho lo que Dios quiere decirme». Mientras todo el mundo a su alrededor intentaba aplastar su espíritu, ella descansaba y resistía a la bestia de la cultura del trabajo duro. Ella enseñó a mi madre a descansar, lo que mismo que hizo conmigo. Me siento honrada de ser un vehículo para guiar a miles de personas en su propio viaje de reposo mientras abrazamos el descanso como una forma de hacernos a todos más humanos.

Mi inspiración para descansar es profunda y expansiva. Me inspira la invención y la oportunidad de crear algo nuevo desde cero. Me inspira la remezcla y la subversión. Me inspira la disrupción y la ternura. Me inspira la imaginación. Me inspira el dolor, el duelo y el lamento. Creo en los espacios vulnerables y generativos para la curación. Me inspira el descanso, la ensoñación y el sueño.

Nuestro descanso colectivo no será fácil. Toda la cultura colabora para que no descansemos. Lo entiendo muy bien. Estamos privados de sueño porque los sistemas nos ven como máquinas, pero los cuerpos no son máquinas. Nuestros cuerpos son un lugar de liberación. Somos divinos y nuestro descanso también lo es. Hay sinergia, interconexión y sanación comunitaria profunda dentro de nuestro movimiento de descanso. Creo que el descanso, el sueño, las siestas, la ensoñación y la desaceleración pueden ayudarnos a todos a despertar para ver la verdad de nosotros mismos. El descanso es un portal de sanación hacia nuestro yo más profundo. El descanso es cuidado. El descanso es radical.

Debemos permanecer firmes y asentados en el espacio para crear una vida llena de descanso y cuidado radical, incluso en medio de la opresión. «Descansar es resistir» es nuestro lema y mantra. Nuestra llamada. El descanso es una forma de resistencia porque perturba y se opone al capitalismo y a la supremacía blanca. Ambos sistemas tóxicos se niegan a ver la divinidad inherente en los seres humanos, y durante siglos han utilizado los cuerpos como una herramienta para la producción, el mal y la destrucción. La cultura del trabajo duro nos ha convertido a todos en máquinas humanas, dispuestas y listas para donar nuestras vidas a un sistema capitalista que prospera situando las ganancias por encima de las personas. El movimiento Descansar es resistir es una conexión y un camino de regreso a nuestra verdadera naturaleza. Estamos despojados de lo que realmente éramos antes del terror del capitalismo y la supremacía blanca. Somos suficientes. Somos divinos.

Si no descansamos, no lo lograremos. Necesito que lo consigamos. Debemos prosperar. Sé que nuestro descanso colectivo nos liberará y cambiará la conciencia. Un movimiento de descanso. Un movimiento espiritual. Un movimiento político arraigado en el cuidado y la justicia. La desprogramación de nuestro lavado de cerebro requerirá intención y tiempo. El descanso es una práctica de amor meticulosa, y nos desenredaremos de nuestra privación de sueño y socialización en torno al descanso durante el resto de nuestros días. Esto es una bendición. El descanso es radical porque interrumpe la mentira de que no estamos haciendo lo suficiente. Grita: «No, eso es mentira. Soy suficiente. Soy digno ahora y siempre porque estoy aquí». El movimiento Descansar es resistir es una conexión y un camino de regreso a nuestra verdadera naturaleza. Estamos despojados de lo que realmente éramos antes del terror del capitalismo y de la supremacía blanca. Somos suficientes. Somos divinos. Nuestros cuerpos no pertenecen a estos sistemas tóxicos. Sabemos más. Nuestros espíritus saben más.

El legado del agotamiento termina conmigo. Te invito a entrar en el portal que ofrece el descanso. El capitalismo no puede tenerme. La supremacía blanca no puede tenerme. Únete a mí para reclamar nuestro Espacio de Ensueño. El momento de descansar es ahora.

INTRODUCCIÓN

Deseo que descanses hoy. Me gustaría que tuvieras la certeza de que el agotamiento no es una forma normal de vivir. Tú eres suficiente. Puedes descansar. Debes resistir todo aquello que no centre tu divinidad como ser humano. Eres digno de que te cuiden.

Quiero que este libro sea una oración. Una guía de campo para el resto de la resistencia. Un documento con el que trabajar sobre el terreno mientras todos navegamos por la realidad del capitalismo y la supremacía blanca, que nos roban nuestros cuerpos, nuestro ocio y nuestro Espacio de Ensueño. Una bendición susurrada sobre tu cuerpo y alrededor de tu cabeza. Una peregrinación encarnada hacia el descanso. Que esto sea un testimonio de nuestra supervivencia colectiva y de nuestro presente y futuro próspero. No perteneces al trabajo duro. Sal del ciclo violento. Se quema porque lo quemamos. La cultura del trabajo duro no puede tenerte.

Imagina un mundo sin opresión.
Tómate más tiempo aquí. Visualiza la suavidad.
Respira profundamente.
Imagínate un mundo centrado en la justicia.
Quédate aquí.

Bienvenidos a vuestro Espacio de Ensueño. Una descarga. Un sueño lúcido. Permaneced aquí. Permaneced en reposo. Permaneced en el Espacio de Ensueño. Nuestro descanso colectivo nos salvará. Tú eres suficiente. Nuestros sueños son suficientes. Esto es un trabajo de imaginación. Cuando reducimos la velocidad se abre un portal. Puedes descansar.

Sueño con un mundo que incluya justicia para todos aquellos que sufren falta de sueño, están exhaustos y atrapados en el ajetreo y las artimañas de la supremacía blanca y el capitalismo. Que tengamos espacio para navegar nuestras vidas desde un estado de descanso liberado. Que toda la cultura se desacelere. Que descansemos juntos.

Creo que nuestra cultura está privada de sueño y agotada. Por eso, si tienes este libro en tus manos, me alegro porque espero que su contenido sea un grito de guerra, una pauta, una guía de campo, una almohada y un mapa para el movimiento Descansar es resistir. Un manifiesto para los cansados y los esperanzados. Una herramienta para la imaginación.

La gente está despertando. La gente está despertando. La gente está despertando a la verdad de su manipulación bajo sistemas tóxicos. La gente está despertando para sanar. La gente está despertando para descansar. Ya no seremos mártires de la cultura del trabajo duro. La cultura del trabajo duro es una colaboración entre la supremacía blanca y el capitalismo. Considera como máquinas nuestros cuerpos divinos. Nuestro valor no está conectado a cuánto producimos. Otra forma es posible. Nuestra historia compartida es de una desconexión y una negación extremas. Ignoramos la necesidad de descansar de nuestros cuerpos y, al hacerlo, perdemos el contacto con el espíritu. En nuestros cuerpos tenemos nuestros templos. Es lo único que poseemos. Nuestros cuerpos son un agente de cambio. Un lugar de liberación. Nuestros cuerpos lo saben. El momento para descansar es ahora. Nuestro descanso colectivo cambiará el mundo porque nuestro descanso reside en un espíritu de rechazo y disrupción. El descanso es nuestra protesta. Descansar es resistir. El descanso es reparación.

Sigo agradecida por el misterio de lo desconocido, la experimentación y la demanda constante de liberación sin importar lo que los sistemas nos hayan dicho. Agradecida por nuestra divinidad, a la que podemos acceder sin importar lo que estemos viviendo. Agradecida por lo metafísico, lo telepático y el conocimiento profundo de que nuestro valor no está conectado a la cantidad de trabajo que podamos soportar. Este mensaje de descanso es un mensaje de poder sobre la opresión. El descanso es un bálsamo. ¡Descansaremos!

PRINCIPIOS DEL MINISTERIO DE LA SIESTA

1. El descanso es una forma de resistencia porque perturba y contraataca al capitalismo y a la supremacía blanca.
2. Nuestros cuerpos son un lugar de liberación.
3. Las siestas proporcionan un portal para imaginar, inventar y sanar.
4. Nos han robado nuestro Espacio de Ensueño y queremos que nos lo devuelvan. Lo recuperaremos a través del descanso.

Los principios anteriores me llegaron en un sueño a lo largo de unos meses, cuando comencé a buscar la tranquilidad a través del descanso. Cada uno de ellos reveló y desbloqueó una sanación masiva en mi propia conciencia y una conexión profunda con las formas en que la cultura del trabajo duro debilita nuestro amor por nosotros mismos y por la comunidad. Cuando escribí estos principios en papel por primera vez, los garabateé en un cuaderno para fundamentar mi experimentación personal con el descanso. Quería meditar sobre cada uno de ellos para dar sentido a lo que estaba sucediendo en mi espíritu mientras recuperaba mi tiempo, que se hallaba en manos de los poderes fácticos.

PRINCIPIO 1: EL DESCANSO ES UNA FORMA DE RESISTENCIA PORQUE PERTURBA Y CONTRAATACA AL CAPITALISMO Y A LA SUPREMACÍA BLANCA

El primer principio se convirtió en el suave tañido de campana en mi oído. Se transformó en mi grito de batalla secreto cuando me iba a la cama o al sofá para profundizar en mi conexión con mis antepasados, para descansar por ellos, para salvar mi propia vida. Cada vez que me levantaba tras un momento de descanso, sentía las cosas de manera diferente. Me veía distinta, mi forma de pensar era diferente, las cosas que no podía entender mientras estaba despierta tenían sentido después de una siesta. Tuve un sueño en el que aparecía mi abuela Ora, que sostenía mi mano y caminaba por un campo de hierba, y el Sol iluminaba con intensidad nuestros rostros. No habíamos caminado mucho cuando de repente ella me hizo un gesto para que hiciera del campo mi cama. Cuando solté su mano, me acosté lentamente en la hierba, y ella se tumbó a mi lado. Estábamos acostadas cara a cara y nos mirábamos fijamente. Ella recorría todo mi rostro con sus ojos, y yo hacía lo mismo. La sensación de asombro y maravilla me llenó, y me sentí segura, afectuosa y protegida. Me desperté del sueño con una sonrisa enorme. No quería que terminara.

Los sistemas nos han manipulado y socializado para que estemos exhaustos. Podemos quedar atrapados en un ciclo interminable de trauma. Si no estamos en contacto con la verdad de nuestra divinidad, existe la posibilidad de que sigamos sufriendo un lavado de cerebro. Me han preguntado miles de veces: «¿Cómo puedo descansar y trabajar para poder ganarme la vida?», o «Me encantaría descansar más, pero tengo facturas que pagar. ¿Cómo lo consigo?». Muchas personas agotadas me han planteado esta pregunta desesperada, que habla de la crisis en la que nos encontramos como cultura.

El capitalismo se creó en las plantaciones. Sus raíces son la violencia y el robo. Nosotros, como cultura, pasamos por alto esta verdad histórica. Una parte profunda de nuestra desprogramación de la cultura del trabajo reside en la capacidad de sumergirnos en las grietas de esta realidad. Comprender y meditar sobre esta verdad puede situarnos a todos en un espacio de duelo. Debemos llorar. El descanso apoya nuestro duelo al permitirnos espacio, y con el espacio podemos comenzar a sanar el trauma de la cultura del trabajo. El duelo es un acto sagrado y una de las formas en que podemos reconectarnos con nuestros cuerpos, mientras elaboramos una práctica de descanso.

El capitalismo nos ha acorralado de tal manera que sólo podemos concebir dos opciones: 1) Trabajar como máquinas, desde un lugar desconectado y agotado, o 2) Hacer espacio para el descanso y para conectarnos con nuestro yo más elevado mientras tememos cómo comeremos y viviremos. Esta rígida dicotomía, combinada con la violenta realidad de la pobreza, nos mantiene en un lugar de privación de sueño y de constante lucha por la supervivencia.

El trabajo de liberación de estas mentiras reside en nuestra desprogramación y en aprovechar el poder del descanso y nuestra capacidad para ser flexibles y subversivos. Hay más de dos opciones. Las posibilidades son infinitas, aunque vivir bajo un sistema capitalista es enfrentarse a un modelo de escasez. Este espacio te hace creer falsamente que no hay suficiente de todo: no hay suficiente dinero, no hay suficiente cuidado, no hay suficiente amor, no hay suficiente atención, no hay suficiente paz, no hay suficiente conexión, no hay suficiente tiempo. Pero los hay en abundancia.

La desesperada y válida pregunta de «¿Cómo puedo descansar si tengo que pagar las facturas?» es el corazón palpitante de este trabajo. Es evidencia del trauma sufrido por las manos de la cultura del trabajo pesado y evidencia de nuestra necesidad de reimaginar el descanso. El descanso como una forma de resistencia será parte de un desenlace que durará toda la vida. Un cambio de mentalidad, una práctica lenta y constante llena de gracia. Debemos imaginar una nueva forma, y el descanso es la base de esta invención. Deberíamos usar todas las herramientas que tengamos para reparar de manera constante lo que la cultura del trabajo pesado nos ha hecho. Alteraremos y lucharemos contra la cultura del trabajo pesado durante toda la vida. Este hecho debería darnos esperanzas en las posibilidades de un nuevo futuro. Inspírate y mantén cerca la visión del descanso. Debemos luchar de manera colectiva contra cualquier sistema que continúe ignorando nuestra divinidad. Ser colonizado es aceptar y comprar la mentira de que nuestro valor está conectado a lo que hacemos. Sigue repitiéndote las siguientes palabras: «Soy suficiente». No hay manera de evitarlo. Todos hemos participado, voluntaria o involuntariamente, en el atractivo de la cultura del trabajo duro. Lo hemos hecho porque, desde que nacemos, nos adoctrinan lentamente en el culto a la urgencia y a la desconexión a través de la cultura de la supremacía blanca.

Toda la cultura trabaja en colaboración para que no descansemos, y cuando escuchamos a nuestros cuerpos y descansamos, muchos sentimos una culpa y una vergüenza extremas. Acepta el hecho de saber que has sido manipulado y estafado por un sistema violento como una evidencia poderosa. Ahora, con este conocimiento, puedes lamentarte, repararte, descansar y sanar. Podemos regocijarnos por la belleza de un velo que está cayendo. Éste es el comienzo del nuevo mundo que podemos crear. Entonces, quédate aquí en reposo, aunque sea durante unos minutos cada día antes de saltar a la comodidad de intelectualizar este trabajo de descanso. Descansar es una práctica corporal y un desenlace de toda la vida. No es algo que pueda estar de moda, ser rápido o superficial. Descansar es un trabajo antiguo, lento y conectado que se apoderará de ti de maneras que pueden resultar sorprendentes. Deja que la desprogramación de la cultura de la rutina te sorprenda. Deja que todo tu ser comience a cambiar despacio. Piérdete en el descanso. Déjate cubrir por las mantas, busca la suavidad y ábrete a las formas en que el descanso te sorprenderá y te calmará.

Podría contarte diez mil historias sobre momentos en los que me sentí exhausta. Tantos momentos en los que vi a mis padres agotados, a mis abuelos extenuados. Diez mil historias y ejemplos de momentos en los que mi cuerpo estuvo al borde del verdadero deterioro y desconexión. Podría compartir contigo esos momentos tiernos y tranquilos en los que no sabía si podría continuar porque mi cuerpo y mi mente estaban cansados, fatigados y al borde del agotamiento absoluto. Siento que un legado de extenuación reside en algún lugar de todos nosotros, pero habita sobre todo en los cuerpos de aquellos que tienen la piel tostada. Para aquellos que son descendientes del trabajo de las plantaciones y de aquellos marginados, este agotamiento es profundo. La falta de sueño es un problema de salud pública y también espiritual. Es un problema espiritual por varias razones. Nos han educado para creer que todo lo que logramos se debe sólo a nuestro propio esfuerzo. Esto es falso porque existe una dimensión espiritual que está en todas las cosas y en todo lo que hacemos. Entender que somos seres espirituales que navegamos por la vida en un mundo material nos abre a las posibilidades del descanso como una práctica espiritual. Toda nuestra vida es una práctica espiritual. Gran parte de nuestra resistencia a descansar, dormir y bajar el ritmo es un problema de ego. Creemos que podemos y debemos hacerlo todo debido a nuestra obsesión con el individualismo y nuestra desconexión con la espiritualidad. Nada de lo que logramos en la vida está totalmente libre de la influencia del espíritu y de la comunidad. No hacemos nada solos.

Afirmo claramente que centrar el descanso, las siestas, el sueño, la relajación y el ocio en un mundo capitalista, supremacista blanco, capacitista y patriarcal es vivir como un marginado. Una peregrinación impregnada de suavidad, intencionalidad y cuidado comunitario. No podremos interrumpir solos la maquinaria de la cultura del trabajo. Nos necesitamos los unos a los otros de más maneras de las que se nos permite creer. Este trabajo trata sobre el cuidado comunitario radical.

PRINCIPIO 2: NUESTROS CUERPOS SON UN LUGAR DE LIBERACIÓN

Para ser más humanos, debemos volver a nuestro estado natural antes de las mentiras, el terror y el trauma de este sistema. El poder del descanso no llevará a ser quienes éramos antes del terror de la supremacía blanca, el capitalismo y el patriarcado, para no ser más devastados por la incesante necesidad de esta cultura de seguir adelante a cualquier coste sin importar lo que produzca. Por eso descansamos.

Lamentar la realidad de ser manipulados para creer que no somos suficiente, divinos o valiosos más allá de nuestros logros y nuestra cuenta bancaria es una parte central de nuestro trabajo de descanso. Es triste y perturbador. Hace poco comencé a enfrentarme y a reconocer el dolor presente en mí y en tantos otros. Fue en 2015, cuando la base del Ministerio de la Siesta comenzó a tomar forma. Entiendo que muchos de los que leen este libro nunca se han sentado a soportar el dolor y la pena derivados de asociar su valor a la productividad y el dinero. Este hecho por sí solo es razón suficiente para descansar. Pero no puedes simplemente decirle a alguien que ha sido traumatizado por el capitalismo desde su nacimiento que se acueste y descanse sin abordar la realidad de nuestro lavado de cerebro. El desenlace se inicia cuando por fin despertamos a la verdad de lo que un ritmo de trabajo a nivel de máquina ha hecho con nuestros cuerpos físicos, nuestra autoestima y nuestro espíritu.

En mi experiencia como asesora de personas que tienen un deseo extremo de bajar el ritmo y descansar, he sido testigo de las formas sutiles y audaces en que la cultura del trabajo nos ha devorado por completo. Ser madre me ha abierto los ojos a las formas en que la cultura del trabajo comienza con éxito su socialización del miedo y la urgencia. Incluso antes de que naciera mi hijo, la industria médica lo estaba sacando de mi vientre a toda prisa. Durante mi embarazo, el médico estaba obsesionado con el tamaño que podría tener mi hijo. En el octavo mes de embarazo, debido a su preocupación, me envió a un especialista para que me hiciera una ecografía intensiva para descartar gemelos. Ya sabía que no iba a tener gemelos y predije correctamente su sexo. Sabía que podría ser un bebé más grande porque mido un metro ochenta, y toda mi familia, incluidos mis padres, medían más de un metro ochenta. Todas las mujeres de mi familia habían tenido bebés grandes. Compartí esta historia con mi doctora pero, como muchas otras del sistema de salud, no me escuchó. En mi última cita, cuatro días antes de la fecha prevista del parto, me indicó que tendría que hacerme una cesárea porque no estaba segura de que pudiera dar a luz a un bebé tan grande. También compartió que el último bebé grande que trajo al mundo tuvo complicaciones y que ahora está luchando en los tribunales porque presentaron una demanda. En sus palabras: «Saquémoslo ahora».

Me sentí mortificada y le supliqué que me dejara intentar el parto. Le dije que no pesaría cinco kilos como mostraban las ecografías. Respondí con una profunda confianza: «Pesará poco más de cuatro kilos. ¡Lo sé en mi espíritu!». En un tono apresurado y urgente, me dijo que no y que daría a luz esa misma tarde por cesárea. Estaba destrozada y me fui a casa llorando mientras me preparaba para ir al hospital a dar a luz. Una vez allí, me sometí a una cesárea exitosa, y cuando pusieron al bebé en la báscula, pesaba cuatro kilos y medio, tal como había predicho. La doctora se sorprendió y repetía una y otra vez: «¡Ya lo sabías!».

Lo que me impactó de esa experiencia es la forma profunda en que se le dio al capitalismo pleno poder para controlar y dirigir la llegada de mi hijo al mundo. La cultura del trabajo duro se ha apoderado de cada faceta de nuestras vidas. El miedo real de lo que podría pasar si nos adentramos en lo desconocido es creado por el capitalismo y su culto a la actividad y la productividad. Estamos envueltos en una red que parece ineludible y desesperanzada. ¿Confiarás en mí y en tu divinidad lo suficiente como para creer que en verdad no es desesperanzada? ¿Puedes confiar, aunque sea por un segundo, en que podemos vivir en un futuro descansado? Te pido que caminemos juntos poco a poco por esta senda, que nos acostemos y que nos cuidemos colectivamente de una manera que haga posible el descanso.

El miedo, que es una función de la cultura del trabajo duro, fue capaz de impulsar el pensamiento del médico, dejando de lado mi intuición y el dolor y la decepción de una cesárea innecesaria. La médica quería que mi hijo saliera de inmediato para poder pasar a su siguiente paciente sin una demanda y el tiempo prolongado que implica permitir que el proceso de parto comience de forma natural.

Más tarde, mi hijo dejó la comodidad de nuestro hogar de ritmo lento para entrar en el sistema escolar público, y comencé a observar poco a poco cómo se atacaban su voz, su conexión con su cuerpo y su intuición. En primaria, se forma a los estudiantes para que sean trabajadores que puedan seguir órdenes, memorizar hechos y llegar a tiempo sin importar lo que suceda. La imaginación y las habilidades de pensamiento crítico son reemplazadas por un aprendizaje y exámenes estandarizados. Yo iba como voluntaria a la clase de tercer grado de mi hijo todas las semanas y vi que a los niños pequeños se les decía: «Aguanta la orina. El descanso para ir al baño no es hasta dentro de veinte minutos». Observé con horror cómo un niño de ocho años se retorcía y trataba de esperar veinte minutos hasta que pudiera permitir que su cuerpo hiciera sus necesidades. La maestra, obviamente abrumada con una clase numerosa, siguió ignorando sus peticiones y, al final, el chico se lo hizo encima. Lo acompañé al baño para que se limpiara y lo llevé a la oficina para que pudieran llamar a sus padres para que le trajeran una muda limpia.

Este descarado desprecio por su cuerpo y la vergüenza innecesaria que él y otros estudiantes sufren en los sistemas de escuelas públicas inician el proceso de aprender a ignorar las necesidades del propio cuerpo. Ahí comienza el lavado de cerebro. La eliminación de la educación física, el recreo y la siesta en las escuelas públicas es una prueba más de una cultura que no se preocupa por el espacio, la conexión y la desaceleración. Esta socialización y manipulación continuas por parte de los sistemas se internalizan y nos convertimos en agentes de la cultura del trabajo duro.

Mucha gente cree que la cultura del trabajo es un monstruo que piensa en las cosas que hacemos y que dirige cada uno de nuestros movimientos, cuando en realidad nosotros mismos nos convertimos en esa cultura. Somos cultura del trabajo. La cultura del trabajo es nuestro comportamiento cotidiano, nuestras expectativas y relaciones con los demás y con el mundo que nos rodea. Hemos sido socializados, manipulados y adoctrinados por todo lo que forma parte de la cultura para que creamos en las mentiras de la cultura del trabajo. Para que un sistema capitalista prospere, nuestras falsas creencias en la productividad y en el trabajo deben permanecer. Hemos interiorizado sus enseñanzas y nos hemos convertido en zombis en espíritu y exhaustos en cuerpo. Así que nos exigimos a nosotros mismos y a los demás bajo el pretexto de ser hiperproductivos y eficientes. Desde muy pequeños comenzamos el lento proceso de desconectarnos de la necesidad de descanso de nuestro cuerpo y nos elogian cuando nos esforzamos hasta el agotamiento. Les decimos a nuestros hijos que «dejen de ser perezosos» cuando no participan en la cultura del trabajo con la misma intensidad que nosotros. Primero perdemos la empatía hacia nosotros mismos y nos exigimos en exceso. Nos convertimos en gerentes, maestros y líderes que caen presas del atractivo de un sistema capitalista y tratamos como máquinas humanas a quienes tienen el honor de trabajar con nosotros. Nos volvemos rígidos e impacientes cuando nuestra lista de verificación no se completa a la perfección. Nos convertimos en menos humanos y menos seguros. Creemos que sólo estamos destinados a sobrevivir y no a prosperar. Vemos el cuidado como algo innecesario, sin importancia. Consideramos que en realidad no tenemos que descansar. Creemos erróneamente que el trabajo duro garantiza el éxito en un sistema capitalista. Me han dicho esto desde que tengo uso de razón. En las noches en las que trabajaba en dos empleos, sin poder pagar mis facturas a tiempo ni ahorrar, seguía diciéndome: «Quémate las pestañas, sigue trabajando duro, ve a la universidad, encuentra un tercer trabajo extra». Recuerdo con claridad el momento en que me di cuenta de que un sistema capitalista, patriarcal, capacitista y antinegro nunca podría dar espacio para el éxito que quería para mí. La cultura del «éxito» sostiene que el trabajo constante, la riqueza material y el exceso de trabajo son una insignia de honor. El descanso es el proceso inicial de deshacer el trauma para que podamos prosperar y volver a nuestro estado natural: un estado de tranquilidad y descanso.

Estamos destinados a sobrevivir y, en última instancia, a prosperar, porque somos divinos. Toda la cultura colabora para que no descansemos. Esto incluye: la educación pública K-12, la educación superior, la fe y las denominaciones religiosas, la industria médica y las organizaciones sin ánimo de lucro, las organizaciones activistas y las corporaciones. Incluso aquellos que afirman que son parte de la industria del bienestar promueven el ajetreo, el trabajo duro, el capitalismo, las mujeres líderes, la competencia y la cooptación del trabajo de las prácticas indígenas para obtener influencia y dinero. Creo que la academia es la sede de la cultura del trabajo duro. La idea del Ministerio de la Siesta y la energía necesaria se me ocurrieron mientras sufría agotamiento en un programa de posgrado.

Nuestras conductas cotidianas y creencias falsas sobre la productividad nos llevan a comportarnos de una manera robótica, como una máquina. La forma en que nos aferramos nosotros mismos y los demás a la mentira de la urgencia es la cultura de la supremacía blanca, y nunca podremos descansar ni liberarnos de la opresión mientras la honremos y nos alineemos con ella. La liberación y la opresión no pueden ocupar el mismo espacio. No es posible. Debemos avanzar poco a poco y poner la intención al frente de esta disrupción. Este trabajo no es simplemente un recordatorio para descansar, sino también una interrupción total y un giro hacia un futuro descansado. Es un trabajo político que no tiene miedo de salir a la luz de nuestra oscura historia compartida, que se recrea a sí misma a través de nuestro engaño individualista y desconectado de lo que realmente nos sucede cuando no descansamos lo suficiente.

Nuestra liberación está directamente relacionada con el portal de sanación al que podemos acceder cuando descansamos. Dondequiera que estén nuestros cuerpos, encontramos descanso, tranquilidad y liberación. Parte de nuestra descolonización reside en desprogramarnos de nuestro lavado de cerebro sobre el descanso y asumirlo como nuestro derecho divino. Somos divinos. Nuestros cuerpos son divinos y un lugar de liberación. Dondequiera que estén nuestros cuerpos, podemos encontrar, arrebatar y centrar el descanso.

Principio 3: las siestas brindan un portal para imaginar, inventar y sanar

Esta obra es un grito de guerra porque estamos hartos del capitalismo y la supremacía blanca. Es un lugar de descanso. Un espacio alternativo y temporal de alegría y libertad. La manera en que ambos sistemas ven los cuerpos humanos es malvada e insostenible. Nadie se ve claramente dentro de ellos y, en cambio, se ve como menos que humano y una máquina para ser utilizada, que se abuse de ella y que no se tenga en cuenta. Ésta es una meditación sobre el descanso como resistencia. Es una meditación sobre el descanso como reparación. Es una reverberación para mis antepasados. Que mis acciones en esta vida les agraden. Que los tambores sacudan la liberación de los árboles. Que te unas a nosotros mientras descansamos.

El Ministerio de la Siesta es para la resistencia y el ablandamiento. El mensaje «Descansar es resistir» es para que lo sostengamos en nuestras manos, lo abracemos mientras dormimos y estemos acostados mientras pensamos en todas las formas en que nuestros cuerpos pueden dar espacio a la liberación. Descansar el cuerpo y la mente es una forma de reverencia. Cuando honramos nuestros cuerpos a través del descanso, nos conectamos con las partes más profundas de nosotros mismos. Creamos libertad. ¿Qué historias guardamos en lo profundo de nuestro interior que no se cuentan ni se descubren porque estamos demasiado agotados? Este trabajo de descanso da espacio a nuestros recuerdos, nuestras microhistorias y todas las cosas que nos hacen humanos.

La idea del descanso como resistencia y reparación puede resultar difícil de resumir en unas pocas líneas cuando me piden que realice un breve análisis. Es contraintuitivo creer que el descanso no es un lugar para perder el tiempo, sino un lugar generador de libertad y resistencia. Nunca hemos aprendido nada parecido en nuestra cultura. La idea de no hacer nada, incluso durante un breve período de tiempo, se considera una actitud perezosa e improductiva. Por eso, la explicación del descanso como una forma de justicia tiene muchas capas y matices. He aprendido que una de las maneras más concisas y verdaderas de compartir el mensaje del descanso es decir: «El descanso nos hace más humanos. Nos devuelve a nuestra humanidad». Ser más humanos. Estar conectados con quiénes y qué somos realmente es el núcleo de nuestro movimiento por el descanso.

Desde que comencé a desarrollar el Ministerio de la Siesta, he repetido una y otra vez: «Esto es más que las siestas». Lo he hecho porque soy consciente de que, como cultura, es muy fácil intentar involucrarnos con este trabajo desde un nivel superficial y rápido. Las redes sociales hacen que sea muy seductor desplazarse con celeridad y sentirse en un estado de euforia gracias a los medios presentados. Permiten una participación que carece de profundidad, estudio lento y encarnación. Los memes de nuestra página, o lo que me gusta llamar «mensajes de propaganda», son una de las numerosas herramientas que utilizo para sentar las bases para que nos desprogramemos de la cultura del trabajo duro. Pero siempre existe una comprensión incompleta cuando se participa en las redes sociales porque se han creado para ser una extensión del capitalismo. Los diseñadores de las plataformas quieren que estemos allí todo el día navegando, gastando dinero y absorbiendo mensajes de una manera rápida y desconectada.

Para captar verdaderamente el corazón de los mensajes, tendremos que dejar de lado nuestros teléfonos y ordenadores portátiles y descansar. Tendremos que analizar en profundidad las formas en que la cultura del trabajo nos ha traumatizado y luego comenzar el proceso de curación de este trauma, que dura toda la vida. Este trabajo es más que sólo siestas y sueño, es un desenredo total de las garras de nuestra comprensión tóxica de nuestra autoestima como seres humanos divinos. En esta cultura no se hace duelo, y se considera una pérdida de tiempo, porque el duelo es un lugar poderoso de reverencia y liberación. Una persona de duelo es una persona curada. ¿Puedes adivinar por qué nuestra cultura no quiere una persona curada en su seno?

Eres digno de descansar. No tenemos que ganárnoslo. El descanso no es un lujo, un privilegio ni una ventaja que debamos esperar una vez que estamos agotados. Escucho a muchas personas repetir el mito de que el descanso es un privilegio, y entiendo este concepto, y aun así estoy profundamente en desacuerdo con él. El descanso no es un privilegio porque nuestros cuerpos siguen siendo nuestros, sin importar lo que nos enseñen los sistemas actuales. Cuanto más pensamos en el descanso como un lujo, más creemos en las mentiras sistemáticas de la cultura del trabajo duro. Nuestros cuerpos y espíritus no pertenecen al capitalismo, sin importar cómo se teorice y se presente. Nuestra divinidad lo garantiza, y es nuestro derecho reclamarlo con valentía. No me muevo nunca. Confío en el Creador y en mis antepasados para que den espacio a mis dones y talentos sin necesidad de trabajar hasta la extenuación. Muchas cosas relacionadas con la opresión se acabarán cuando podamos empezar a conectar con la esencia de quiénes somos realmente. Creo que los que están en el poder no quieren que descansemos lo suficiente porque saben que, si lo hacemos, nos daremos cuenta de lo que está pasando realmente y derribaremos todo el sistema. El agotamiento nos mantiene entumecidos, como zombis, y nos custodia bajo su control. El exceso de trabajo y el trauma del agotamiento siguen degradando nuestra divinidad. Una vez que sepamos y recordemos que somos divinos, no participaremos ni permitiremos que entre en nuestro corazón y mente nada que no sea amor y cuidado. Nos trataremos a nosotros mismos y a los demás como los seres tiernos y poderosos que somos. Cuando digo que el sueño te ayuda a despertar, lo hace a la verdad de quién y qué eres. Y el sistema no quiere eso. Se derrumbaría bajo el peso de este poder.

Cosas que sé con certeza y que me mantienen concentrada en el descanso: es mi cuerpo, mi piel, mi corazón, mi respiración; son mis células. Por lo tanto, lo consideraré amorosamente como el sitio de mi más profunda libertad y cuidado. No pertenezco a los sistemas. No pueden tenerme. Nunca donaré mi cuerpo a un sistema que lo ve sólo como una herramienta para la producción. Necesito que comiences a sentir esto poco a poco y a declarar que los sistemas no pueden poseerte. Requerirá un trabajo profundo, pero es un trabajo imaginativo y hermoso, que será un proceso que durará toda la vida. Estoy agradecida de que tengamos una vida y de que nuestra curación no deba ser apresurada ni urgente. Tenemos una vida. Podemos ir despacio. Podemos ir a lo profundo. Podemos ir a las grietas.

Levántate hoy y mañana y piensa: «¿Cuándo y dónde puedo encontrar un momento de descanso?». Puedes planificar diez minutos en tu escritorio, treinta minutos de siesta el fin de semana o un minuto para descansar la vista. Continúa con tu reflexión y haz espacio para el tiempo de desintoxicarte de la tecnología. Escucha. ¿Qué día podrás eliminar una aplicación de tu teléfono en un esfuerzo por conservar la expansividad? ¿Cómo podrás un día decir que no a una solicitud que no te resulta útil? ¿Cómo podrás establecer límites firmes pero afectuosos que nos enseñen a todos el significado del cuidado comunitario? Todas estas cosas son una forma de descanso.

¿Puedes encontrar formas de salir al aire libre, contemplar el cielo, poner los pies en la hierba, conectar con la tierra, ya que la tierra también necesita sanación? Mirar por las ventanillas de los trenes y autobuses públicos salvó mi cordura durante el auge de mi agotamiento. La supremacía blanca y el capitalismo han utilizado los cuerpos para el mal durante siglos. Impulsan con violencia el trabajo literalmente aplastante sin tener en cuenta ningún límite. El cuerpo, para esos agentes de la cultura del trabajo, no es una morada divina, sino un vehículo para obtener ganancias. Arrastraba mi cuerpo cansado a la calle para caminar hasta la parada del autobús en mi camino a un trabajo mal pagado de más de cuarenta horas a la semana. Luego, simplemente miraba por la ventanilla del tren en marcha y conseguía un momento de paz y calma. Me conectaba con el cielo, observaba el movimiento de los árboles, posiblemente divisaba algún pájaro de los que me gustan. Esos momentos calmaban muchísimo mi espíritu. Mientras los vivía, sabía que me sentía mejor. La oportunidad de respirar hondo mientras descansaba los ojos se convirtió en un salvavidas. Ahora sé que ésos fueron momentos de descanso. Pude apartar mi mente de la rutina y asentarme en mi existencia pura para simplemente ser y reclamar mi cuerpo como mío.

El ministerio comenzó mientras soñaba despierta, dormía la siesta y bajaba el ritmo porque mi cuerpo y mis antepasados me lo habían dicho. La idea de vivir en un mundo pero no ser parte de él es una tradición que me enseñaron mis antepasados desde hace mucho tiempo. Mis abuelos y mis padres la vivían a diario y yo crecí en la escuela dominical cantando canciones congregacionales con letras como: «Esta alegría que tengo / El mundo no me la dio / El mundo no me la dio / El mundo no puede quitármela». Estoy agradecida por esta política de rechazo y por escuchar lo que sabemos que es verdad.

Es arriesgado hacer lo contrario de lo que quiere la cultura dominante. Nuestro trabajo consiste en cultivar lenta y profundamente un conocimiento interior expansivo que confía en nuestra intuición y considera el descanso como una alteración física y psicológica. Podemos doblar el tiempo cuando descansamos, y estoy agradecida por la lentitud y el trabajo encarnado del rechazo. La forma en que nos tomamos el tiempo y la capacidad de interrumpir la necesidad de la cultura dominante de apresurarse es la liberación. La praxis es simplemente ser, simplemente profundizar en lo que ya es y que nunca nos podrán quitar. No necesitamos tener los ojos y la boca bien abiertos buscando lograr más, ser más, hacer más. La cultura del trabajo duro ha normalizado empujar nuestros cuerpos al borde de la destrucción. Proclamamos con orgullo que nos presentamos al trabajo o a un evento a pesar de una lesión, enfermedad o crisis mental. Se nos elogia y recompensa por ignorar la necesidad de nuestro cuerpo de descanso, cuidado y reparación. El ciclo de trabajar duro como una máquina continúa y se interioriza como la única manera. Nos renovamos cuando entramos en el portal de la siesta. Quiero que te plantes firmemente dentro de tu imaginación. Refúgiate en la belleza y en el poder del cuidado comunitario y en nuestras ensoñaciones. Podemos construir, descansar y marcar el comienzo de una nueva forma que centre la liberación y el cuidado, sin importar lo que sigan haciendo los sistemas. El descanso es un portal. El silencio es una almohada. El sabbat es nuestra cuerda de salvamento. La pausa es nuestra brújula. Ve a buscar tu sanación. Sé disruptivo. Contrarresta el paso. Disminuye la velocidad. Échate una siesta.

El silencio y la lentitud siempre han inspirado mi práctica como artista. El papel del artista es crear cosas nuevas y resucitar. Estoy obsesionada con la resurrección de la comunidad y también la individual. Dondequiera que esté el espíritu, puede ocurrir la curación. Me inspira la invención y la oportunidad de crear algo nuevo desde cero. Me interesa la remezcla. Me inspira el dolor, el duelo y el lamento. Siento que estos lugares son espacios vulnerables y generadores de curación. Estos estados del ser deben protegerse. Debe ocurrir un ajuste de cuentas.

El Ministerio de la Siesta es una meditación sobre el descanso como resistencia. Arroja luz directamente sobre el poder de desmantelar los sistemas tóxicos que crean trauma y terror en nuestros cuerpos y almas. Centramos el descanso como un medio para la curación y la liberación. Creemos que la falta de sueño es un problema de justicia racial y social.

Debemos ser capaces de sentarnos con esta profunda verdad: Estados Unidos no es un lugar acogedor para todos los cuerpos. Estados Unidos se construyó sobre las espaldas de las personas negras e indígenas que trabajaron sin descanso durante siglos mientras el país construía su poder económico. La supremacía blanca se convirtió en un vehículo para envenenar los corazones y las mentes de una nación entera para ver a los seres humanos como menos que divinos. Descansar es resistir porque es una contranarrativa al guion del capitalismo y la supremacía blanca para todas las personas.

Descansar es una conexión y un camino de regreso a nuestra verdadera naturaleza. Nos despojamos de lo que éramos antes del terror del capitalismo y la supremacía blanca. Decimos no a los sistemas que nos ven como simples máquinas. Nos resistimos a la mentira de que no somos suficientes. ¡Somos suficientes! Somos divinos. Nuestros cuerpos no pertenecen a estos sistemas tóxicos. Sabemos más. Nuestros espíritus saben más.

Práctica de meditación de descanso:

Siéntate en una silla con la espalda erguida y los pies firmemente apoyados en el suelo.

O recuéstate en una silla, en una cama, en un sofá, en una hamaca, en el suelo.

Examina tu cuerpo y reconoce cualquier tensión. Respira profundamente.

Imagínate un mundo sin límites.

Inhala hondo desde el abdomen, mantén la respiración durante cuatro segundos y exhala poco a poco.

Repite el proceso.

PRINCIPIO 4: NOS HAN ROBADO NUESTRO ESPACIO DE ENSUEÑO Y LO QUEREMOS DE NUEVO. LO RECUPERAREMOS A TRAVÉS DEL DESCANSO.

Se ha cometido un robo. El robo del Espacio de Ensueño. Nos han robado nuestro Espacio de Ensueño y lo queremos. A cada paso que doy, una mano de mis antepasados se extiende para sostener mis pies. Me sostiene cerca. Para acostarme. La reciprocidad es nuestra salvación. Prepararemos un espacio sagrado para descansar. Queremos envolvernos en una manta confeccionada con esperanza. Descansaremos. La alegría es nuestro derecho de nacimiento. El placer es nuestro bálsamo. El descanso es nuestra resistencia.

Las redes sociales nos roban los archivos y la memoria. Nos están quitando la capacidad de recurrir al pasado en busca de orientación, motivación y apoyo. Este movimiento en pro del descanso no es una tendencia, sino que es, en cambio, el trabajo ancestral de la liberación. Enmarcar el descanso como algo que los negros finalmente reclaman es borrar la historia de muchos de mis antepasados y de aquellos que viven hoy que siempre han considerado el descanso como una parte importante de la vida y de la resistencia. Audre Lorde, Alice Walker, Harriet Tubman, mi abuela Ora, mi madre Jean, los Freedom Riders durante el Movimiento por los Derechos Civiles. No hay nada nuevo en la muerte de los negros, en la antinegritud y en la opresión. Son cosas tan antiguas como el tiempo y no verlas en su totalidad causa más trauma.

Cuando pienso en la historia de la trata transatlántica de esclavos, la esclavitud y el trabajo en las plantaciones, me sorprende lo mucho que hemos optado por olvidar que el capitalismo se construyó a partir de estos sistemas. Una experimentación sobre cómo llevar un cuerpo humano a un ritmo de nivel de máquina durante siglos liderada por personas blancas ebrias de odio y con el cerebro lavado por un sistema que las entrenó para ver un cuerpo humano divino como una propiedad que se debe poseer. Este hecho en sí mismo es la razón por la que nunca donaré mi cuerpo a este sistema y por la que navego por mi vida desde una política de rechazo y resistencia. Mi conciencia y mi espíritu no me permitirán alinearme con un sistema que todavía tiene una deuda con mis antepasados. Personalmente, considero irrespetuoso y de una absoluta indiferencia permitirme moler con valentía y orgullo mi cuerpo hasta un estado de agotamiento. Eso se detiene conmigo.

Llegué a un punto de fe radical y a una actitud de «que las cosas caigan donde tengan que caer» cuando comencé a experimentar con el descanso para salvarme la vida en 2013, durante mi primer año en la escuela de teología. Esa experiencia personal se convirtió en el Ministerio de la Siesta que vemos hoy. Cuanto más estudiaba las voces e historias de mis antepasados y me dedicaba con cuerpo y alma a escucharlos y comunicarme con ellos, simplemente no podía ni siquiera empezar a recrear la brutalidad que sufrieron debido al trabajo en el que se vieron obligados a participar en las plantaciones. Recuerdo vívidamente haber leído el libro *Slave Testimony: Two Centuries of Letters, Speeches, Interviews, and Autobiographies,* de John W. Blassingame, durante seis meses mientras estaba en la escuela de posgrado. Me acostaba en el sofá con esta enorme colección de historia de archivo y sentía rabia y poder al revivir la vida diaria de una persona esclavizada. Es la historia de Madison Jefferson, nacido y esclavizado en Virginia como sirviente doméstico, que fue entrevistado en 1841 mientras vivía en Inglaterra. Era un trabajador agrícola y vaquero en una plantación junto con otras 250 personas esclavizadas que cultivaban tabaco, maíz y cáñamo. Las historias que contaba sobre su hermano, que murió mientras lo obligaban a trabajar en los campos con una herida en la cabeza, me sacudieron y me hicieron pensar en todas las veces que el capitalismo nos exige que ignoremos nuestro dolor y nuestra salud con tal de seguir trabajando. Recordé el trauma de un ex jefe que me dijo que fuera a trabajar después de haber sufrido un accidente de tráfico que hizo que tuviera que ir a urgencias con un nervio pinzado en el hombro. En sus palabras: «Si pudieras reunir la energía suficiente para venir unas horas...».

En su entrevista, Jefferson continuaba dando detalles que me centraron y, al mismo tiempo, me llenaron de rabia y empatía de una manera que nunca antes había experimentado. Recuerda la historia de cómo le dieron cincuenta latigazos por intentar escapar y fue encadenado en un calabozo oscuro, sólo para ser liberado después para volver a trabajar en los campos. Como lo describe Blassingame:

> *Trabajaban regularmente desde el amanecer hasta el anochecer, y durante la época de más labor, con frecuencia ya estaban trabajando dos horas antes del comienzo del día. Por lo general, el domingo se consideraba un día de descanso, pero en ocasiones destinaban también ese día para atar el trigo, recoger cáñamo, despalillar tabaco y desgranar maíz. Solían desayunar a las nueve en punto, durante*

media hora o una hora, según la presión del trabajo. En tiempos
normales tenían una hora para comer y también una comida al
atardecer, pero cuando estaban ocupados sólo se les permitía dos
comidas, y recibían una mazorca de maíz o algo por el estilo al
mediodía, mientras realizaban sus tareas. En general, la asignación
era muy escasa. Con frecuencia, dice Madison, «Lloraba a causa del
hambre después de llegar del trabajo, y veía a mis hermanos y
hermanas llorar alrededor de mi madre pidiéndole comida, y ella no
tenía nada que ofrecernos».[1]

El legado de brutalidad que rodea al trabajo, al sustento y a la supervivencia de los esclavizados en las plantaciones y sus descendientes es sorprendente, y por eso considero la privación del sueño una cuestión de justicia.

La cultura del trabajo forzado es una colaboración entre el capitalismo y la supremacía blanca. El capitalismo procede de las plantaciones. Nuestro sistema actual de trabajo se creó a partir de este paradigma. Saber esto me cambió, y creo que debe reconocerse como parte de nuestro proceso de desprogramación de la cultura del trabajo forzado. Es una comprensión dolorosa, pero debemos enfrentarnos a ella para encontrar nuestro camino hacia la curación. ¿Qué se siente al tener este conocimiento y comprender que participas consciente e inconscientemente en un sistema que construye sus fundamentos sobre la idea de los cuerpos humanos como máquinas no humanas? ¿Qué está haciendo la cultura del trabajo forzado con nuestra salud espiritual, mental y física? ¿Qué se siente al saber que una cultura capitalista y capacitista ve tu cuerpo como si existiera sólo para obtener ganancias? Para nosotros, no ver nuestros propios cuerpos o los de los demás como una morada divina, el lugar de la liberación y un milagro es inclinarnos ante la cultura dominante y opresiva.

Debemos ver nuestro cuerpo como un milagro y un lugar de reverencia, y en el que el agotamiento no es normal ni aceptable. La belleza

---

1. Blassingame, James W.: *Slave Testimony: Two Centuries of Letters, Speeches, Interviews, and Autobiographies*, Louisiana State University Press, Baton Rouge y Londres, 1977, pp. 217, 218.

del descanso, saber que somos bendecidos por tener un cuerpo, por haber sido elegidos para estar vivos, para respirar, para tomar decisiones y proclamar que nuestro cuerpo nos pertenece, es una práctica profunda de cuidado. Es el comienzo de una revolución radical y de una resistencia.

* * *

Descansar es resistir es un manifiesto sobre los orígenes del Ministerio de la Siesta, que incluye los principios fundamentales del movimiento Descansar es resistir. La siguiente sección del libro constará de cuatro partes, cada una de las cuales es una llamada directa a la acción:

¡DESCANSA!
¡SUEÑA!
¡RESISTE!
¡IMAGINA!

Ilustrada con relatos históricos y basada en mi profunda experiencia en teología, activismo y arte escénico, ésta es la historia de mis antepasados, mis musas, mi familia, mi comunidad y todo lo que inspiró la fundación del Ministerio de la Siesta. Este trabajo comenzó cuando traté de salvar mi propia vida mientras disfrutaba de la dulzura y el poder de las vidas de mis antepasados para incluirlas en los archivos. Está inspirada en los cimarrones estadounidenses que decidieron que nunca serían esclavizados en las plantaciones, en el huerto de mi abuela, en las pinturas de mi madre, en la sabiduría intergeneracional, en las peluqueras caseras, en los altares construidos al aire libre para honrar a los muertos, en las camisetas de las reuniones familiares, en el arte fuera de los muros de los museos, en Gwendolyn Brooks, Audre Lorde, bell hooks, James Cone, James Baldwin, Octavia Butler, en mi abuela Ora, que descansaba sus ojos en el sofá, en las mujeres negras, en los manifestantes, en la Iglesia negra, en la música curativa negra, en el feminismo, en mi padre y en los nombres de los antepasados que no conozco. Es ternura, una remezcla. El descanso es un milagro.

La siguiente invocación ha sido pronunciada sobre los cuerpos cansados de miles de personas que han asistido a nuestras experiencias de siesta colectiva en persona y virtualmente. Una transmisión para abrir el portal del descanso:

Las puertas del Templo de la Siesta están abiertas.
¿No vas a venir?
Ésta es una invitación para que las almas cansadas descansen.
Es un acto de resistencia.
Es una protesta.
Es una contranarrativa a la mentira de que no estamos haciendo lo suficiente.
Hacemos lo suficiente.
Es una contranarrativa a la mentira de que nuestro valor está ligado a la rutina del capitalismo y a la mentira de la supremacía blanca.
Eres suficiente simplemente por estar vivo.
Gracias por vivir.
Gracias por resistir.
Gracias por crear.
Gracias por soñar.
Gracias por descansar.
Creemos que nuestra curación puede visitarnos mientras dormimos la siesta.
Mientras descansamos.
Mientras dormimos.
Mientras disminuimos la velocidad.
Creemos que las siestas brindan un espacio para soñar y visualizar.
Para inventar.
Para crear.
Para sanar.
Para imaginar.
Así es la resistencia.
¿No vendrás?
Es un acto de resistencia.
Es una protesta.

PRIMERA PARTE

¡DESCANSA!

«Cada vez que duermo, no duermo. Descanso los ojos. Escucho».

Ora Caston, *mi abuela materna*

Inspirado por mis antepasados, la sabiduría intergeneracional y la teología de la liberación negra.

¡UNA LLAMADA A LA ACCIÓN PARA DESCANSAR AHORA!

Quiero que te plantes firmemente dentro de tu imaginación.
Refúgiate en la belleza y el poder del cuidado comunitario.
Echa raíces en nuestro soñar despierto.
Podemos descansar, construir y marcar el comienzo de un nuevo camino.
Centramos el descanso y el cuidado sin importar lo que digan los sistemas.
El descanso es un portal.
El silencio es nuestra almohada.
Guarda silencio conmigo ahora.
Respira profunda y completamente.
Mantén la respiración durante cuatro segundos.
Libera la vergüenza que sientes al descansar.
No te pertenece.

Una vez me preguntaron en una entrevista quiénes eran mis guías para descansar cuando era una niña negra en Estados Unidos. Con una mirada de profunda curiosidad, el entrevistador se acercó y dijo: «¿Quién te ha enseñado a descansar?». Me quedé conmocionada y perpleja, porque la pregunta, en toda su simplicidad, abre más capas de las que podría responder en un intercambio de treinta minutos. Nadie me enseñó a descansar ni me dio consejos u orientación intencional. Las personas en mi vida encontraban espacios para descansar mientras navegaban por una cultura racista y entraban en un ciclo de trabajo mortal para sobrevivir. Se movían a caballo entre el agotamiento y la prosperidad constante. Movían montañas sólo con su fe y creaban caminos para la invención que todavía descubro a diario. Resistían cada momento existiendo en un mundo que no era acogedor ni solidario.

Me siento orgullosa de ser del Medio Oeste, Chicago y sus suburbios meridionales circundantes. Ciudad de los Hombros Anchos, la Ciudad del Viento. Fábricas de acero y energía de obreros. Fábricas de automóviles. La costa del lago. Rascacielos, cemento y nieve. Personas negras que crearon espacios de alegría y libertad después de huir del sur de Jim Crow durante la gran migración y muchas que se quedaron en el sur para crecer, construir y cuidar una vida centrada en la comunidad y el espíritu. Fui sostenida y apoyada por granjeros, limpiadores, obreros, trabajadores de fábricas y contratistas; aquellos que sabían cómo trabajar desde el amanecer hasta el anochecer de lunes a sábado, mientras que el domingo se celebraba como un día de alabanza y honor a Dios.

Crecí como hija de dos afroamericanos que nacieron en la década de 1950 y que, a su vez, crecieron viendo cómo se desarrollaba el Movimiento por los Derechos Civiles ante sus ojos. Vivían en comunidades segregadas de Chicago y asistían a escuelas secundarias integradas donde creían y vivían el mantra: hay que trabajar diez veces más que los blancos para sobrevivir y alcanzar el éxito en la vida. La llamada a trabajar exponencialmente más duro tiene un precio.

Mi padre, Willie Hersey, trabajaba a jornada completa como capataz de hangar para la empresa ferroviaria Union Pacific Railroad, y luego tuvo un segundo trabajo a jornada completa en el ministerio como pastor asistente de la Iglesia de Dios en Cristo de Robbins, una congregación pentecostal de personas negras que creían en expulsar a los demonios con las palabras e invitar al Espíritu Santo a cada parte de la vida, incluido el cuerpo. La denominación de la Iglesia de Dios en Cristo, también conocida como COGIC (Church of God in Christ), es un faro de la resistencia negra, una organización cristiana de tradición pentecostal de santidad. Con más de seis millones de miembros en todo el mundo, es una de las iglesias pentecostales más grandes del planeta. Fue fundada por el obispo Charles H. Mason en 1907 y está formada predominantemente por personas negras.

Asistí a la iglesia de mi familia con regularidad desde que nací hasta los veinte años, y nunca vi una cara blanca en el edificio. Todo el terreno en el que se encontraba la iglesia, el edificio, los autobuses y la imprenta de la iglesia eran propiedad de personas negras que yo conocía y amaba. Este lugar acogedor de autonomía y orientación para los negros fue el comienzo de mi conciencia de que ahora soy suficiente. Me sostuvo desde dentro mientras un sistema externo intentaba ver mi negritud como algo criminal.

Los miembros de la congregación se demoraban durante horas los días en que el Espíritu Santo tomaba el control, el telón final, una exhibición de cuerpos negros en el suelo cubiertos con sábanas blancas, que hablaban lenguas, mientras voces ungidas y manos con panderetas los llevaban a una experiencia corporal. Un portal sanador que daba libertad a cualquier oración que pudiera ser respondida. Un momento para poner a prueba nuestra libertad en un espacio sagrado creado sólo para nosotros.

La Iglesia negra, con sus numerosas contradicciones y revelaciones, me resulta muy tierna y me conecta con este trabajo. Mis padres y mi abuela materna, Ora, la musa de este trabajo, se sintieron profundamente guiados por sus enseñanzas. Mi madre, embarazada de mí, se puso de parto en la iglesia. Permaneció allí para su lección de la escuela dominical antes de ir al hospital. En sus palabras: «El parto dura horas, mejor me quedo y recibo mi lección para tener la fuerza necesaria para dar a luz». Así que se quedó y se dirigió al hospital tres horas después, sin prisa y animada por su fe radical y su vínculo con Dios. Después de mi nacimiento, me llevaron de nuevo a las cuatro paredes de nuestra pequeña iglesia que siempre olía a galletas de mantequilla recién hechas con bancos de madera forrados con tela de terciopelo rojo.

Crecí allí, con servicios religiosos tres veces por semana, más el domingo, en una comunidad de radicales negros que creían en la fe tan profundamente que saltar a lo desconocido era como bailar a un ritmo familiar. Era nuestra vida entera, todo giraba en torno a ella, así que el domingo no era un día de descanso para mis padres, en especial para mi padre. Era un día de trabajo incansable para el Señor. Mi padre era un hombre enorme. Sus apodos eran Bear y Big Guy, porque su figura de 1,96 metros y 140 kilos te cubría por completo cuando tenías el honor de recibir uno de sus abrazos. Fue un militante negro, predicador, pastor asistente, organizador comunitario y trabajador del ferrocarril durante treinta años. Cuidador, soñador y resistente. Amaba libremente, dando valiosos abrazos a todos los que quería y que lo necesitaban. Era un amigo para muchos, un espíritu cuidador.

Mi padre también me transmitía constantemente conocimientos sobre cómo descolonizar. Se lo consideraba un militante negro por su interés en la política y la liberación negra, y me enseñó desde muy temprana edad que el gobierno se centraba únicamente en el dinero. Cuando tenía ocho años, me explicó las formas demoníacas del capitalismo y la supremacía blanca. Estas lecciones siempre iban acompañadas de un mensaje para que recordara quién era yo. Repetía: «Eres una hija de Dios divinamente designada y elegida para estar en la Tierra». Debajo de todo su trabajo estaba ese hombre imaginativo y creativo que tenía muchas metas artísticas pisoteadas por la necesidad de la cultura del trabajo duro de que trabajáramos como máquinas. Pero se acercaba al arte en pequeños detalles. Era el director del coro de nuestra iglesia y siempre bailaba y cantaba. Soñaba con ser director de cine, quería estar detrás de la cámara para producir y hacer historias que contaran nuestras verdades.

No tenía mucho tiempo para soñar porque estaba disponible las veinticuatro horas del día. Era la persona a la que recurríamos para cualquier oración, emergencia familiar, visita al hospital, clase de estudio de la Biblia y proyecto comunitario creado por nuestra Iglesia. Muchas noches, lo veía saltar de su suave cama junto a mi madre para responder a las llamadas telefónicas nocturnas de la congregación. Estas solicitudes de oración estaban impulsadas por su amor a Dios y por la gente negra. Destacaba por mantener el espacio. Amaba ese trabajo, a la comunidad, a Dios y a la Iglesia. Era su llamada y le ofrecía cada pizca de energía a su familia y a su trabajo principal en el ferrocarril. No recuerdo que mi padre no trabajara constantemente o que no estuviera implicado en ayudar a los demás y a la comunidad. Veía a mi padre levantarse todas las mañanas a las cuatro de la mañana. Se arrastraba fuera de la cama para sentarse a la mesa de la cocina a leer tres periódicos, estudiar su Biblia y orar en silencio. Lo hacía durante casi dos horas antes de irse a trabajar a las seis. Recuerdo haberle preguntado: «¿Por qué te levantas tan temprano si no tienes que estar en el trabajo hasta más tarde?». Y me respondía: «Quiero tener unos momentos al día que me pertenezcan sólo a mí antes de fichar». Un momento para ser humano y acomodarse en su cuerpo para conectarse con su Creador. Un instante para simplemente ser antes de ir al trabajo en el ferrocarril, a limpiar vagones de tren. Con el tiempo se abrió camino hasta convertirse en el supervisor de todo el hangar de trenes. Durante décadas, fue la única persona negra en un puesto directivo y sufrió una discriminación racial constante y microagresiones diarias. Trató de protegernos a mis hermanos y a mí del trauma que sufrió allí, pero muchos días lo escuché decirle a mi madre lo insoportable que se estaba volviendo. «Me llaman negrata a la cara y a mis espaldas. Es duro». Durante treinta años, intentó demostrar su valía haciendo horas extra constantemente y con una asistencia perfecta, todo mientras era pastor asistente, director de coro y organizador comunitario. Hizo muchos malabarismos para brindarnos un hogar lleno de cariño y estable, pero hay algo que se esconde debajo cuando vivimos en un sistema fundado en nuestro trabajo para demostrar nuestro valor como seres humanos.

Su amor por la comunidad y por Dios lo impulsaron sin cesar, pero el lado tóxico de esta pasión era su exceso de trabajo, su agotamiento y la falta de cuidado de su cuerpo. Dio a los demás todo lo que tenía, mientras que su salud física se resintió mucho. El vínculo entre la falta de sueño y el estrés con el desarrollo de enfermedades crónicas es real. Tuvo importantes problemas de salud a una edad temprana: diabetes, obesidad, hipertensión arterial, enfermedades cardíacas y apnea del sueño. Una cultura de trabajo duro internalizada puso en marcha las cosas para una muerte temprana, a los cincuenta y cinco años. Después de una cirugía cardíaca de triple *bypass* a la que sobrevivió con gran éxito para reparar arterias bloqueadas en un 75 %, su diabetes complicó el proceso de curación y su cuerpo simplemente se rindió ante todo el estrés, la falta de atención, la falta de límites y expectativas.

Recuerdo haber visto morir a mi padre. Mi comunidad estuvo a mi lado durante todo el trayecto. Toda la congregación de la iglesia y nuestra gran familia atendía cada necesidad durante su tiempo de recuperación en el hospital y en casa. Parecía que cientos de personas vinieran a traerle comida a mi madre, a hacer recados para mi padre, a sentarse junto a la cama y hablar con él, a traerle naranjas, sándwiches de *delicatessen* y cualquier otra cosa que pudieran imaginar que deseara. Junto con las cosas materiales llegaban las oraciones, los abrazos, los versículos bíblicos que se leían en voz alta, la imposición de manos. Había una intensa energía espiritual alrededor. Literalmente podía sentir la presencia de Dios en la casa. En mi corazón. A medida que pasaban las semanas, se fue debilitando y, más tarde, se supo que tenía una infección en los puntos de sutura. Se había extendido a la sangre y estaba de nuevo en el hospital rodeado de la comunidad. Vi a los pastores, diáconos y misioneros guerreros de las plegarias orar por él con la intensidad de diez mil soles resplandecientes. La comunidad se volvió tan abrumadora que el hospital solicitó que organizáramos las visitas, ya que la habitación y el pasillo que había enfrente estaban abarrotados todos los días. Esto continuó durante semanas, hasta que una noche mi padre abandonó en paz este lugar.

Las enfermeras de la unidad de cuidados intensivos fueron muy amables. Ángeles en la Tierra que flotaban vestidas con sus batas verdes. Caminaban de puntillas a nuestro alrededor como si fuéramos figuras de porcelana en una tienda de lujo. Dejaron que nos quedáramos allí durante horas, tocando su cuerpo. No lo pensé dos veces antes de besarle, sostener sus manos aún tibias y acariciarle el cabello. Quería abrazarlo, pasar mis brazos alrededor de su cuello, apretarlo con los dedos entrelazados como una piedra. Mi madre se sentó en un taburete bajo, aturdida y confundida. Allí estaba el hombre al que amó durante cuarenta años cubierto en sábanas blancas dobles y gruesas hasta el cuello. Lentamente le quitó las sábanas del pie derecho y comenzó a frotárselo despacio. El frotamiento se convirtió en un suave masaje y yo rezaba con amor para que despertara a los muertos. Suavemente susurró: «Por favor, Willie, no nos dejes». Pero él ya se había ido, y nosotras, las tres mujeres, mi hermana mayor Camie, mi madre y yo nos quedamos llorando de pie alrededor de aquella montaña de hombre, y lo llenamos de besos.

No recuerdo haber salido de cuidados intensivos, pero cuando miré hacia arriba estaba en la pequeña sala de espera adyacente a las grandes y pesadas puertas de acero de la UCI. De pie frente a mí había cerca de cincuenta personas. Pude reconocer la mayoría de las caras, pero luego todas comenzaron a mezclarse en el aire. Todos lloraban y parecían conmocionados. Veteranos de guerra de permiso. Sentí debilidad en las rodillas. Mi cabeza comenzó a dar vueltas. De hecho, pensé que me iba a desmayar. Y el desmayo habría sido bienvenido en ese momento. Quería golpearme la cabeza en el extremo de la silla de ruedas que estaba en el pasillo, quería sangrar y también morir. Quería irme con él. El dolor era demasiado insoportable. Tan pronto como volví a la realidad después de unos minutos, pude sentir a mi tío favorito, Lance, que me sostenía por la cintura y me colocaba con cuidado en el suelo. Mi espalda se deslizó por la pared beis, con él arrodillado a mi lado, y me dijo: «Te tengo, sobrina. Todo va a ir bien. Estoy aquí mismo». Se sentó a mi lado y me tomó la mano.

La cultura del trabajo duro mató a mi padre y nos está matando física y espiritualmente. La falta de sueño es un problema de salud pública y de justicia racial. Existen muchas investigaciones que señalan la brecha de sueño que existe entre los estadounidenses negros y los estadounidenses blancos.

«Los investigadores descubrieron que, durante este período, los encuestados negros tenían sistemáticamente más probabilidades de dormir muy poco o poco en comparación con sus homólogos blancos».[2] La necesidad de que mi padre durmiera profundamente no era una prioridad en nuestra cultura y observé en tiempo real las consecuencias de esta realidad.

Mientras permanecía en silencio durante unos largos minutos mirando al entrevistador, no pude dar una respuesta clara a la pregunta: «¿Quién te enseñó a descansar?». Tal vez ésa sea la razón de esta curiosidad que tengo ahora por el descanso. A la mayoría de los que viven en un sistema capitalista nunca se les ha ofrecido un camino abierto hacia el descanso. No hay un plan o una forma estandarizada de llegar a nuestra liberación. Descansamos para encontrar nuestro camino. Un rechazo. La creación de un tercer espacio. La *fugitividad*.

Lo que me han repetido una y otra vez las personas que acaban de conocer el mensaje del descanso es: «Me gustaría poder descansar, pero

---

2. SANDOIU, ANA: «Do Black Americans get less sleep than white Americans?», *Medical News Today*, 18 de agosto de 2020.

no sé cómo dormir la siesta. Me parece imposible». Durante seis años, éste ha sido el mantra que miles de personas han compartido conmigo. Es una prueba fehaciente de que, como cultura, no tenemos claro qué es y qué puede ser el descanso. Estas limitaciones y confusiones se han creado artificialmente en nosotros. Nacemos sabiendo cómo descansar y escuchar lo que nuestro cuerpo necesita. Es algo natural y un conocimiento interior. Los bebés y los niños siguen las señales de su cuerpo y, sin ello, no sobrevivirían. Este conocimiento interior nos lo roban poco a poco a medida que lo reemplazamos por la desconexión. Nos ha engañado y extraviado una cultura sin botón de pausa. Apenas sobrevivimos a la falta de sueño, la explotación laboral y el agotamiento. Debemos descansar.

El descanso no es en lo que uno puede pensar automáticamente. La mayor parte del tiempo que he dirigido el Ministerio lo he pasado abriéndome a esta realidad: todo lo que creemos saber sobre el descanso es falso. Debido a que estamos en un estado constante de desentrañar las mentiras y la socialización de la cultura del trabajo, debemos tener la intención de reimaginar lo que creemos que es y puede ser el descanso para nuestras vidas. Debemos hacernos las siguientes preguntas, entre otras muchas: si me han lavado el cerebro porque he estado constantemente expuesto a la violencia de la cultura del trabajo desde mi nacimiento, ¿realmente sé cómo se experimenta el descanso? ¿Tengo un modelo o guía de lo que se siente al estar descansado mientras se vive en un sistema capitalista? ¿Cómo es estar descansado constantemente? ¿Cómo es el agotamiento para mí? ¿Navego por el mundo desde un estado constante de agotamiento? ¿Quién era yo antes del terror de los sistemas tóxicos? ¿Quién quiero ser? ¿Qué te han dicho sobre tu valor y existencia? ¿Cómo haces espacio para trascender los confines de un sistema que reza a la llamada de «las ganancias por encima de las personas»?

Mi compromiso de salvar mi propia vida a través del descanso se basa en mi compromiso con el feminismo y su estudio. Aprendí feminismo mientras estaba realizando el posgrado. Ahora soy consciente de que he sido feminista la mayor parte de mi vida. El feminismo blanco que me inculcaron las escuelas públicas cuando era niña y cuando era una mujer joven en la universidad siempre me pareció insuficiente y poco sincero. Recuerdo haberle preguntado a un profesor de historia en secundaria que, cuando las mujeres obtuvieron el derecho a voto en 1920, ¿incluía a las mujeres negras? Ignoró mi pregunta y dijo que volvería a abordar el tema, pero nunca lo hizo. Nunca hay una respuesta cuando estás borrando.

El término *mujerista* fue acuñado por Alice Walker en 1983. Apareció en su libro *In Search of Our Mother's Gardens* («En busca de los jardines de nuestras madres») y define *mujerista* como «querer saber más y con mayor profundidad de lo que se considera "bueno" para una. Comprometida con la supervivencia y la integridad de todas las personas, hombres y mujeres».[3] Para mí, la belleza del feminismo es su visión holística del cambio. Se centra en el profundo compromiso compartido que las mujeres negras tienen con su familia y su comunidad. A diferencia del feminismo blanco, el feminismo da cabida a la raza, la clase y el género, y entiende que la familia y la comunidad de una mujer negra son colaboradoras en la lucha por la liberación. Busca el equilibrio y la flexibilidad. El feminismo es lo que me permite ver el descanso como una herramienta para la liberación. Un movimiento global que busca reparar todo lo que el capitalismo, la supremacía blanca y el patriarcado han roto. Sé que salvar mi propia vida del agotamiento del racismo, la pobreza y el sexismo hace espacio para que todos, sin importar su raza, también comiencen el proceso de desmantelamiento de estos sistemas. Mi visión de la liberación negra como un bálsamo para toda nuestra humanidad está fuertemente influenciada por el feminismo. Entiendo que el descanso es una práctica espiritual porque soy feminista.

Mi estudio y compromiso con el feminismo alimentan gran parte de mi curiosidad por las visiones de un futuro bien descansado. Sé que mis visualizaciones de cómo se ve un mundo sin capitalismo ni opresión se basan en algo que nunca he experimentado en esta vida. Es trabajo de sueños y alquimia. Mi trabajo personal consiste en comprender más plenamente el proceso de transformación, al mismo tiempo que tengo claras las realidades en las que existimos. Siempre re-

3. WALKER, ALICE: *In Search of Our Mothers'Gardens*, Mariner Books, Nueva York, 2003.

flexiono: «¿Qué nos deparará a todos un mundo bien descansado? ¿Cuáles serán los elementos? ¿Se liberará todo el mundo de la cultura del trabajo duro? ¿Hemos estado enredados en el lodo del trabajo duro durante tanto tiempo que es posible que nunca salgamos a tomar aire?

El libro *Making a Way Out of No Way: A Womanist Theology*, de Monica Coleman, dio voz a lo que no pude articular completamente, pero que he sentido desde que el trabajo de descanso ha recibido mayor atención:

No todo el mal puede ser superado en este mundo, y, sin embargo, una teología feminista posmoderna mantiene la esperanza en la lucha por responder creativa y constructivamente a esa maldad. A veces los sentimientos de discordia son el resultado de los conflictos en este mundo. En ocasiones la liberación no es posible, pero la supervivencia y la calidad de vida sí lo son. La salud integral, la integridad, la unidad y la salvación nunca se alcanzan plenamente en este mundo. A medida que nos transformamos constantemente, somos siempre vulnerables al mal y capaces de superarlo. En la teología feminista posmoderna, la salvación es una actividad. Cada nuevo momento trae posibilidades en ambas direcciones. Una teología feminista posmoderna se esfuerza por lograr representaciones tangibles del bien. El bien incluye la justicia, la igualdad, el discipulado, la calidad de vida, la aceptación y la inclusión.4

Mi intento personal de perturbar el capitalismo y la supremacía blanca descansando parece ser un objetivo con un fin inalcanzable, porque mientras evoluciono y me curo, el mal siempre está presente. Una pregunta valiosa es: ¿cómo podemos permitirnos descansar cuando el imperio colonizador en el que vivimos a diario sigue haciendo estragos y se hace cada vez más fuerte? El imperio sigue transformándose, planifica y elabora estrategias para mantener el poder. Las palabras de Monica Coleman que se han transcrito descorren los velos que todos hemos utilizado como parte de vivir en un sistema tóxico. Cree-

---

4. COLEMAN, MONICA A.: *Making a Way Out of No Way: A Womanist Theology*, Fortress Press, Minneapolis, 2008, p. 86.

mos que podemos sanar y reimaginar nuevas formas de vida recreando el mal y el abuso que nos enseñaron.

Sí, el sistema hace estragos y destruye, pero no podremos acceder a espacios de libertad, alegría y descanso si presionamos de manera abusiva a nuestros valiosos cuerpos y mentes. Descansar es responder de un modo creativo a la llamada de la cultura del trabajo duro para hacer más. Es la posibilidad de descanso, recuperación, resurrección y reparación lo que nos abriga como una manta cálida y suave.

¿Cómo hacemos posible lo imposible? ¿Cómo procesamos el robo de nuestro Espacio de Ensueño y nuestra humanidad? ¿Dónde colocamos el dolor de nuestro trato bajo la cultura de la esclavitud? ¿Cómo podemos comenzar a entender cómo la supremacía blanca nos despoja de nuestra conexión con el espíritu? ¿Cómo podemos comenzar a explicar la deficiencia espiritual que ocurre cuando sigues y elevas el pensamiento de la supremacía blanca? ¿Cómo transformamos el dolor en poder? Recuéstate y descansa en estas preguntas. No debemos tener una respuesta completa a todo ahora mismo. No debemos saberlo todo. No debemos serlo todo. No debemos hacerlo todo. Hay espacio para lo desconocido. Hay espacio para la curiosidad y el misterio.

Hay espacio para simplemente permitir que el descanso se asiente y responda las preguntas para nosotros.

Todo lo que sabemos sobre el descanso ha sido contaminado por el lavado de cerebro de un sistema capitalista de supremacía blanca. Como cultura, no sabemos cómo descansar y nuestra comprensión del descanso ha sido influenciada por la toxicidad de la cultura del trabajo duro. Creemos que el descanso es un lujo, un privilegio y un capricho extra que podemos darnos después de sufrir de agotamiento y falta de sueño. El descanso no es un lujo, sino una necesidad absoluta si queremos sobrevivir y prosperar. El descanso no es una ocurrencia de último momento, sino una parte básica del ser humano. El descanso es un derecho divino. El descanso es un derecho humano. Venimos al mundo preparados para amar, cuidar y descansar. Los sistemas nos matan lentamente a través del capitalismo y la supremacía blanca. El descanso debe interrumpir. Al igual que la esperanza, el descanso es disruptivo, nos permite un espacio para imaginar nuevas posibilidades. Debemos reimaginar el descanso dentro de un sistema capitalista.

Para muchos, el descanso parece esquivo y no existe un modelo en nuestra cultura. Debemos crear el modelo y soñar con nuevas formas de ser. Es nuestro trabajo reimaginar el descanso para nosotros mismos. Lo hacemos aprovechando la imaginación infinita que tenemos como seres divinos. Nos tomamos nuestro tiempo para ir más allá de las muchas capas de trauma que hemos experimentado de manera individual y colectiva en este sistema violento. Nos acostamos literal y figurativamente.

¿Por qué no descansamos?

No descansamos porque seguimos conectándonos a nuestro descanso de una forma capitalista, de moda y consumista, de la manera en que nos han enseñado bajo un sistema capitalista. Nuestro trabajo no es un evento de un solo día, en el que es necesario salir de casa para descansar en un centro de retiro o en un hotel de lujo. Este trabajo tiene un desenlace lento que requerirá nuestra participación durante toda la vida. Es un cambio cultural arraigado en una perspectiva de encarnación. Esto significa que debemos practicar, participar y hacer frente de manera activa a la cultura dominante. Tenemos que aprovechar e integrar el descanso en los momentos tranquilos, ruidosos, mundanos y plenos de nuestras vidas diarias. Debemos seguir comprometidos con la construcción de la comunidad y llegar a las grietas más profundas para reunirnos y cuidar a cualquier persona que se haya quedado atrás. Tratarnos unos a otros y a nosotros mismos con cuidado no es un lujo, sino una necesidad absoluta si queremos prosperar. Descansar no es una idea de último momento, sino una parte básica del ser humano.

Debemos hacer espacio para el descanso de formas pequeñas y grandes. Queremos que se convierta en una práctica diaria que tú reimagines. Tú eres el experto de tu propio cuerpo. Tu cuerpo es tuyo y conoce el camino. Nuestra encarnación ocurrirá en nuestros cuerpos cada día y en nuestros espíritus para siempre; en el espíritu de Audre Lorde, quien dijo: «La revolución no es un evento único». No participamos de manera intencionada en desafíos de redes sociales en torno a las siestas, o en eventos únicos de moda que no incluyan una educación intensiva centrada en la liberación y la historia negras. Debemos elevar las profundidades meticulosas de lo que realmente significa descolonizar y desprogramar. El marco Descansar es resistir tampoco cree en la idea tóxica de que descansamos para recargarnos y rejuvenecer para poder estar preparados para dar más resultados al capitalismo. Lo que hemos internalizado como productividad ha sido informado por un sistema capitalista, capacitista y patriarcal. Nuestro impulso y obsesión por estar siempre en un estado de «productividad» nos lleva al camino del agotamiento, la culpa y la vergüenza. Creemos erróneamente que no estamos haciendo lo suficiente y que siempre debemos orientar nuestras vidas hacia más trabajo. La distinción que debe repetirse tantas veces como sea necesario es ésta: no descansamos para ser productivos. Descansamos tan sólo porque hacerlo es nuestro derecho divino. ¡Eso es todo! Descansemos en esta proclamación durante un instante.

Nuestro descanso se centra en conectarnos y reclamar nuestra divinidad, que nos fue otorgada por nuestro nacimiento. El concepto de llenar primero nuestra taza, para que podamos tener suficiente en ella para servir a los demás parece desequilibrado. Huele al lenguaje capitalista que ahora es parte de nuestros mantras diarios; lenguaje como «dormiré cuando muera», «levántate y muele», «mientras duermes, muele», «si no ganas dinero, no tiene sentido», «despierta para trabajar» y muchos más. La metáfora de la taza también se dirige con mayor frecuencia a las mujeres, quienes, debido al patriarcado y al sexismo, llevan la carga del trabajo. Las mujeres marginadas, específicamente las mujeres negras y latinas, conforman el grupo mayor de trabajadores en un sistema capitalista. Nuestro trabajo históricamente se ha utilizado para hacer que las vidas de las mujeres blancas sean menos agitadas y más relajadas. Así que cuando escucho y veo que el mantra «llenar tu taza» se repite en memes en las redes sociales y en la comunidad del bienestar en general, soy consciente de que nuestra visión del descanso todavía está cargada de las mentiras de la cultura del trabajo duro. Propongo que todas las tazas se rompan en pequeños pedazos y que reemplacemos servir por descansar y conectarnos con nuestros cuerpos de una manera que se centre en la experimentación y la reparación. No quiero servir más. Es hora de comenzar a desmantelar el culto a la actividad, una persona cada vez, un corazón cada vez, un cuerpo cada vez.

Nuestro descanso no es un evento de una sola vez porque para interrumpir la cultura del trabajo duro debe haber un cambio de mentalidad global que sea implacable, constante, subversivo e intencionado. Hacer frente a la máquina de la supremacía blanca y el capitalismo, incluso durante diez minutos, es un milagro. Esto hará que el descanso esté disponible para todos. Sin importar sus ingresos, capacidad física, sexualidad, género, ubicación geográfica o acceso. El descanso no está relacionado con el consumismo, el capitalismo o el objetivo interminable de muchos de volverse virales. El Ministerio de la Siesta y nuestro marco de trabajo Descansar es resistir son una pausa total en todo lo que alguna vez nos han enseñado sobre el bienestar desde una perspectiva supremacista blanca y capitalista. No queremos más de lo mismo y estamos completamente dedicados a interrumpir y cultivar la imaginación infinita que liberará nuestro Espacio de Ensueño.

* * *

Domingo, 21 de mayo de 2017. Atlanta, Georgia. Nuestra primera experiencia de siesta colectiva me alcanzó sin proponérmelo. La forma en que se desarrolló parece gestada por el espíritu. Estaba terminando mis estudios de posgrado y comencé a hablar con las personas de mi círculo artístico en Atlanta sobre mis próximos pasos en mi carrera. Compartí que estaba solicitando trabajos de capellanía en hospitales, escuelas y centros comunitarios. Trataba de discernir mis próximos pasos para una carrera que estuviera alineada con un camino de justicia. Tenía muy poco dinero, estaba exhausta por el ciclo humillante de entrevistas de trabajo y sólo les había contado a unas pocas personas mi idea de crear una obra de arte sobre el descanso. Al azar, la gente me seguía hablando de una mujer llamada Charlie que tenía un gran espacio en Atlanta que podía usar para un evento. No seguí hasta que la tercera persona me envió un correo electrónico. Finalmente llamé y concreté una reunión para ver el espacio sabiendo que no tenía dinero para pagar las tarifas del alquiler, ni el personal para ayudar a organizarlo, ni pagar el coste de los materiales para diseñar el espacio y convertirlo en un lugar cómodo para dormir. Pero fui de todos modos. Una vez allí, entré en una habitación que parecía un oasis mágico creado para dormir, con un pavimento de moqueta suave, una iluminación cálida, almohadones de suelo de gran tamaño, una barra en la que se servía té y unas telas ligeras que colgaban del techo. Ya estaba preparada para descansar. Mientras me sentaba, bebía té y recorría el espacio con la mirada, una sensación de guía y conexión se apoderó de mí. Charlie me dijo que podía utilizar el espacio en cualquier momento, de día o de noche, y que no aceptaría dinero.

En sus palabras: «Es un lugar de experimentación. Utilízalo». Así que, sin un trabajo que pudiera pagar mis cuentas y mientras seguía buscando un puesto después de pasar casi cuatro años estudiando en el seminario, el Ministerio de la Siesta reunió a cuarenta personas en una habitación para descansar y mantener un espacio para la sanación y la educación en lo que iba a ser un evento de una sola noche. No me contrataron en ninguna de las empresas para las que me postulé y me metí de lleno en este trabajo después de este evento. Mi compromiso de honrar mi propio cuerpo, el cuidado de la comunidad y el recuerdo de mis antepasados se unieron como si mis antepasados mismos soplaran el viento bajo mis alas, tomaran mi mano y ofrecieran el descanso como un regalo para el mundo.

El eje central de este trabajo comenzó y se convirtió en nuestras experiencias de siesta colectiva. Curar espacios presenciales y virtuales para que descansemos juntos, para mantener el espacio para los demás y para entrar en el portal del descanso como un acto sagrado. Uno de los objetivos es que cada persona obtenga herramientas prácticas para participar en el descanso cuando y donde sea. Este mandato es la razón por la que todas nuestras experiencias de siesta colectiva son gratuitas y combinan educación intensiva y experiencias de encarnación. Centramos la cuestión de la accesibilidad y tratamos de responder a las siguientes preguntas: ¿qué pasa con las personas que no pueden permitirse estar fuera de su hogar durante veinticuatro horas o un fin de semana?, ¿qué sucede con las personas que tienen hijos y no tienen a nadie que se ocupe de su cuidado?, ¿cómo participarán en un retiro que requiere viajar aquellas personas que están confinadas en sus hogares debido a una discapacidad?, ¿qué pasa con los introvertidos que no quieren estar rodeados de personas?, ¿cómo continuará el resto después de que regresen a casa?, ¿por qué sus hogares y comunidades son vistos como un lugar que necesitan dejar atrás para poder descansar?, ¿simplemente proporcionamos una cama cómoda y música relajante sin un marco arraigado en la liberación?, ¿por qué nuestro descanso no es suficientemente poderoso como para poder acceder a él en cualquier momento y en cualquier lugar?

Creo que este trabajo no se llevará a cabo de las formas falsas y lujosas en que creemos que debe haber descanso. No se llevará a cabo lejos de nuestras comunidades, en hoteles caros y centros de retiro. Si el mensaje del descanso ha de ser verdaderamente para todos y un momento descolonizador total, debe cambiar la vida y debe llevarse a cabo dentro de nuestras propias comunidades, hogares, espacios de trabajo, instituciones religiosas, espacios académicos y, lo más importante, en nuestras mentes. No creo que podamos liberarnos de la cultura del trabajo pesado haciendo más de lo mismo y alineándonos con cualquier mensaje de bienestar corporativo que no llegue a la raíz del problema.

No arrojar luz sobre los sistemas que nos hacen sentir mal es pasar por alto el corazón y el alma del trabajo por la justicia. Elevar el descanso desde una ética de cuidado comunitario es interrumpir la cultura dominante y devolver el poder a las personas que lo necesitan. Nuestra praxis del descanso exige, primero, un cambio mental que no tenga fecha de finalización. Nos curaremos para siempre de nuestro lavado de cerebro por la cultura del trabajo pesado. Debemos estar atentos a las formas en que fluiremos dentro y fuera de las garras de la cultura del trabajo duro. Habrá días en los que volverás a ser arrastrado hacia el sistema y te encontrarás dando vueltas, mareado por los efectos de la hiperproductividad. El trabajo consiste en tomar conciencia profunda de que el ritmo al que funciona esta cultura no es normal ni sostenible. Esta comprensión ofrece una invitación a la peregrinación colectiva en la que estamos mientras intentamos alterar y hacer retroceder a un sistema que no tiene botón de pausa. Quédate aquí un rato. Permanece en el espacio de saber que no eres un fracaso, que no eres inadecuado o indigno porque estés cansado y quieras descansar. No hay necesidad de intentar resolver todo esto hoy mismo y estar totalmente dispuesto a aceptar el descanso de una manera que no te parece correcta. Esta protesta contra la cultura del trabajo duro es para que la crees en tu propio cuerpo. Tu cuerpo es tuyo. Su singularidad y las historias que tiene que contar son tuyas. Una llamada comunitaria hacia el descanso como una forma de activismo es una llamada a reducir la velocidad, escuchar y preocuparse. Es un lugar empoderado impulsado por el objetivo compartido de volvernos más humanos. No somos máquinas. No estamos en la Tierra para satisfacer los deseos de un sistema abusivo a través de nuestro agotamiento.

No descansamos porque las redes sociales nos hayan robado la capacidad de existir sin ellas. Un plan perfecto para mantenernos distraídos y adictos. Los algoritmos guían cada uno de nuestros movimientos, ponen una presión innecesaria sobre muchos para que publiquen, retuiteen, utilicen *hashtags* y hagan crecer sus plataformas de manera obsesiva. Nunca me ha preocupado el número de seguidores en nuestras páginas de redes sociales. Estoy muy preocupada y concentrada en usar las redes sociales como una de las numerosas herramientas a nuestro alcance para desprogramar aún más a quienes tienen el deseo de alterar la cultura del trabajo duro en sus vidas. No quiero que la gente se conecte con nuestro trabajo de descanso a partir de un algoritmo. Deseo que la gente se conecte porque el espíritu los envió y, una vez allí, la idea del descanso les proporcionó consuelo y paz.

Como cultura, pasamos incontables horas al día en las redes sociales y numerosos estudios las califican de adicción digital. «El 32 % de las adolescentes afirmaron que cuando se sentían mal con su cuerpo, Instagram las hacía sentir peor», escribieron los autores en una presentación obtenida por el *Wall Street Journal*. «A menudo se sienten "adictas" y saben que lo que ven es malo para su salud mental, pero se sienten incapaces de dejarlo».[5]

Cuando me tomo un descanso digital sin redes sociales, me siento más inteligente, menos ansiosa y conectada con una energía expansiva a la que no podía acceder mientras navegaba todos los días. Mi cuerpo es una antena para infinitas ideas e inventos cuando me desconecto de la energía de la tecnología y cuando descanso. Una de las mejores formas de probar cómo el silencio es una forma de descanso es planificar una desintoxicación de las redes sociales. Si te sientes dependiente de

---

5. THOMPSON, DEREK: «Social Media Is Attention Alcohol», *The Atlantic*, 17 de septiembre de 2021.

tu teléfono, empieza poco a poco, mantente de dos a cuatro horas fuera de todas las redes sociales. Al eliminar las aplicaciones del teléfono o colocarlo en otra habitación, escondido en un cajón, puedes aumentar tus posibilidades de encontrar un ritmo natural sin las voces y el ruido que dominan en las redes sociales. Incluso si tu cronología está pensada para incluir sólo mensajes alegres, que inviten a la reflexión y alentadores, la desintoxicación sigue siendo necesaria y valiosa. Tu mente necesita espacio para el silencio. Espacio para procesar lo que sientes, sin la participación de los demás. Tu cerebro precisa un sueño profundo y constante, descanso y silencio para hacer nuevas conexiones, retener la memoria y descargarte. Nuestra salud mental se fortalece cuando estamos lejos del resplandor de las pantallas de ordenador y no absorbemos los pensamientos e ideas de miles de personas durante un día de tras hacer *scroll* sin fin. ¿Te imaginas unas horas al día sin estar conectado a tu teléfono o bandeja de entrada del correo electrónico? ¿Qué sentimientos surgen en tu interior cuando lo imaginas? ¿Qué pasaría si ese momento se extendiera a un día completo o a una semana entera? ¿Y a un mes? ¿Con qué reemplazarías las horas de interacción en línea? ¿Podrías dedicarte a un *hobby* durante este tiempo que pudiera proporcionarte placer? ¿Dispondrías de más tiempo para soñar despierto, descansar, echarte una siesta? ¿Te acostarías más temprano? ¿Te resulta estresante pensar en no tener tu teléfono cerca? ¿Qué ha hecho la naturaleza omnipresente de las redes sociales y los teléfonos móviles con nuestro tiempo de tranquilidad?

Critico Internet por la forma en que ha cambiado con rapidez; después de todo, sólo ha sido accesible para las masas como parte de la vida diaria durante los últimos veinticinco años. Las redes sociales ahora son un espacio de dependencia. No podremos llegar a un estado de descanso total si no reducimos en gran medida nuestro uso de las redes sociales.

Sé que es una declaración atrevida y descabellada en una cultura orientada únicamente hacia una mayor automatización, innovación tecnológica y vida digital. Actualmente, el Metaverso se ha vuelto real. Millones de personas esperan con ansiedad que este mundo digital se materialice para poder mudarse y permanecer allí. Si no estamos ya distraídos, exhaustos y sin cuerpo, esta importante alteración de un mundo físico podría ser otra pieza violenta de la cultura traumatizante del trabajo duro. Como persona por completo centrada en nuestros espíritus, almas, mentes y cuerpos, me preocupa el papel que desempeñará el Metaverso en un mundo ya privado de sueño y desconectado. Hay muchas maneras de ignorar el profundo conocimiento interior, la intuición y la sabiduría divina que ya existen en nosotros desde que nacemos. Vivir cada día a lo largo del tiempo en un espacio de experiencias virtuales cada vez mayores tendrá un efecto duradero en nuestra capacidad de hacer frente al capitalismo y la supremacía blanca. La idea de la propiedad, las conexiones personales, el entretenimiento y la educación que existen en un mundo virtual centralizado abre la posibilidad de que nunca descansemos verdaderamente y de que la manipulación del capitalismo nos reciba como a una oveja que se dirige al matadero. Debemos ser claros y comprometernos ahora mismo a quitarnos el velo de los ojos mientras el capitalismo avanza de formas agresivas y únicas. El descanso debe convertirse en nuestro objetivo.

Vivir nuestras vidas en espacios virtuales parece atractivo para algunos y, para muchas comunidades, la oportunidad de conectarse es un salvavidas y una revolución. Abre lugares que no están disponibles o no son accesibles con facilidad. Ofrece un apoyo, recursos y motivación intensos. Es un hermoso acto de equilibrio para dar espacio a dos o más cosas que son ciertas al mismo tiempo. Es libertad. El mundo digital y las redes sociales son lugares de conexión para muchos, del mismo que también son lugares de toxicidad, desconexión y agotamiento. Pueden ser ambas cosas y no tiene por qué existir tensión en torno a ello. Simplemente lo son y nos ofrecen una oportunidad para vivir en los matices y ser hiperconscientes de la energía y el tiempo que invertimos en ello. Debemos desintoxicarnos de manera intencionada y con frecuencia si queremos encontrar descanso. Si no examinamos el control que tienen las redes sociales sobre nuestras vidas, nunca podremos impulsar ningún movimiento de descanso. Simplemente no es posible porque las redes sociales son una extensión del capitalismo. Son una herramienta de *marketing*. Los desarrolladores y diseñadores de nuestras plataformas actuales no son líderes de una industria de mil millones de dólares tan sólo para que todos podamos mantenernos conectados con nuestra familia, amigos y comunidades. Muchos lo utilizan con éxito para este fin, pero hay que recordar que no es el objetivo de los capitalistas. El objetivo es que sigan navegando por la red el tiempo suficiente para que se conviertan en consumidores. El fin es que compren, compren más y permanezcan conectados el mayor tiempo posible hasta que eso suceda. No descansamos porque estamos conectados durante horas y horas al día, distraídos y exhaustos. Por eso debemos considerar el descanso como la disrupción definitiva de los trucos y planes del capitalismo. Un éxodo y una desintoxicación intencionada de estas plataformas son la Estrella del Norte para nuestra práctica del descanso.

Para que esta ética del cuidado comunitario se multiplique, necesitamos descansar siempre en nuestros momentos tranquilos, en nuestros instantes de ajetreo, en nuestros dormitorios, en nuestros baños, en nuestras escuelas, en nuestros porches, en nuestros barrios, en nuestras ciudades y en nuestras mentes. La hermosa interrupción del descanso debe ocurrir ahora. No podemos esperar la oportunidad perfecta, los eventos correctamente seleccionados o el momento idóneo para abandonar nuestro mundo capitalista. Para que nuestro descanso sea generativo, debemos estar siempre saltando de una agenda anticapitalista. Tenemos que dejar de lado los memes en las redes sociales y las opiniones candentes que surgen de la cooptación y la repetición que ocurren en el mundo fraudulento e impulsado por la influencia que es Internet. Cuando descansamos, luchamos contra un sistema creado en las plantaciones, con una creencia central de que debemos tener dinero, un colchón elegante y el atractivo del individualismo para que nuestro descanso sea generativo. Eso es mentira. Debemos desentrañar lentamente cada día para entender que nuestra liberación, libertad y todo lo que necesitamos ya está dentro de nosotros. No importa cuánto dinero ganemos, cuánto tiempo podamos tener libre tras el trabajo o cuántas vacaciones nos tomemos.

Lo que importa es que en nuestro corazón y en nuestra alma hemos decidido negarnos y no esperar hasta tener suficiente o la cantidad perfecta de cosas externas para que nuestro descanso sea aprobado por el sistema más amplio. No necesitamos la participación de la cultura del trabajo duro para poder reclamar nuestros cuerpos y nuestro tiempo como propios. Las personas negras tenemos una conexión directa con la brutalidad del capitalismo. Nuestros cuerpos fueron el primer capital de Estados Unidos y una y otra vez nos roban nuestro descanso y nuestro Espacio de Ensueño. El legado de la supremacía blanca en nuestro viaje hacia el descanso debe verse como una propuesta que cambia la vida. Debemos descansar como si nuestras vidas dependieran de ello, porque es así.

La propuesta de James Cone y su creación de la teología de la liberación negra fundamentaron mi desarrollo del Ministerio de la Siesta. El mensaje del descanso como mensaje de reparación y liberación para la gente negra está firmemente arraigado en la erudición de Cone. Este trabajo es intencionadamente secular, pero no puedo evitar sentirme influida por esas tendencias, que me inspiran como persona. Me inspiran en gran medida el pensamiento religioso y la espiritualidad negros. El marco de Descansar es resistir es muy personal para mí y sus orígenes provienen de mi propia salvación del agotamiento, mientras aprovechaba los espacios imaginativos de rechazo que me confirieron mis antepasados.

En el libro clásico de Cone, *A Black Theology of Liberation* («Una teología negra de la liberación»), publicado originalmente en 1970, Cone habla de los matices de la historia negra y de cómo nuestras experiencias nos ayudan a navegar en un sistema empeñado en no vernos. Esta falta de visión afecta a la manera en que descansamos: «Si la teología negra habla de la condición de las personas negras, no puede ignorar la historia de inhumanidad blanca cometida contra ellas. Pero la historia negra es más que lo que los blancos les hicieron a los negros. Más importante aún, la historia negra es la gente negra diciendo no a cada acto de brutalidad blanca. Al contrario de lo que dicen los blancos en sus libros de historia, el poder negro no es nuevo».[6] Ya existe el poder, y con ese poder he dicho no al capitalismo y a todo lo que trabaje para degradar mi divinidad. Veo la brillantez y el milagro de los seres humanos. No somos máquinas. Este trabajo no sería posible sin mi profundo estudio y amor por la teología de la liberación negra. Me han enseñado desde muy temprana edad que Dios se preocupa por mí sin importar mi color de piel, mi estatus económico o mi capacidad.

---

6. CONE, JAMES H.: *A Black Theology of Liberation: Fortieth Anniversary Edition*, Orbis Books, Nueva York, 2010, p. 27.

Aprendí de niña en la Iglesia negra que mi cuerpo negro no era algo criminal, sino un profundo reflejo de Dios. Escuchar a mi padre y a otros predicadores negros gritar un mensaje de liberación negra desde el púlpito me formó y me ha permitido ver la supremacía blanca y el capitalismo como fuerzas demoníacas que no deben robarme. Me enseñaron que Dios estaba del lado de los oprimidos y que cualquier teología que difundiera algo diferente no era un cristianismo verdadero. Leer el texto bíblico desde una perspectiva de liberación negra abre puertas y quita velos que han aumentado en gran medida mi autoestima desde dentro. Por eso tengo una fe tan radical y una creencia arraigada en lo que nací para hacer. Sé que no nací simplemente para agotarme dentro de un sistema violento. Sé que, si no tacho un elemento más de mi lista de cosas por hacer, sigo siendo digna y amada por Dios y mis antepasados. La teología de la liberación negra me enseñó esto y sigue siendo una llama ardiente en mis manos y en mi corazón mientras ilumina los caminos ante mí cuando todo está oscuro. Gracias a esta comprensión fundamental, el trabajo del Ministerio de la Siesta ha ido creciendo. Mi compromiso de ver desmantelado todo sistema tóxico que interfiere y degrada a la divinidad de persona y de cada ser humano en el planeta se debe a que el engaño de la cultura del trabajo duro se ha revelado a través del descanso y la desaceleración. Debemos descansar, sanar y resistir juntos.

He pasado toda mi vida como obispo de la Siesta respondiendo a esta pregunta: «¿El Ministerio de la Siesta es sólo para personas negras?». La pregunta en sí surge de una mentalidad supremacista blanca que se niega a aceptar esta verdad: la liberación negra es un bálsamo para toda la humanidad, y este mensaje es para todos aquellos que sufren las formas de la supremacía blanca y el capitalismo. Todos en el planeta, incluido el planeta mismo, sufre, de hecho, estos dos sistemas. La forma en que este sufrimiento se manifiesta en cada grupo es única en su historia. A los blancos se les ha despojado de su humanidad a través de la supremacía blanca. Son espiritualmente deficientes y están cegados por la idea de que son superiores a otros seres humanos divinos. El linaje del terror, la violencia y la esclavitud reside en esos cuerpos y corazones. Además, ¿en qué me ayuda vivir en un mundo donde soy el único que está liberado de las garras de la cultura de la esclavitud?

Todavía tendré que relacionarme y colaborar con aquellos que aún están atados y se mueven desde un lugar de miedo y urgencia. Mi libertad de la cultura del trabajo duro está íntimamente ligada a la sanación y liberación de todos los que me rodean. El cuidado de la comunidad y la desarticulación comunitaria completa son el objetivo final de cualquier trabajo de justicia, porque sin esto nos encontraremos vulnerables a la mentira del individualismo tóxico. Nuestros líderes de justicia han gritado esto a los cuatro vientos durante siglos y, sin embargo, nuestro individualismo tóxico, que reside en una mente agotada y con el cerebro lavado, continúa ignorando esta sabiduría vivificante.

Todos estamos conectados en virtud de vivir en las mismas comunidades, trabajar en espacios de oficina compartidos, relacionarnos unos con otros en las escuelas, en las calles y mientras viajamos. La idea rígida de que el trabajo justo centrado en la negritud, nacido de una lente de liberación negra, es sólo para personas negras es limitante y falsa. La liberación negra es un cambio global para un mundo entero engañado por las mentiras del capitalismo y la supremacía blanca. La creencia de que lo que uno hace y experimenta no afecta a todos los que lo rodean es un mito y una enfermedad que los estadounidenses padecen gravemente.

Cuando no tomamos nuestro propio descanso mientras dejamos espacio para que otros a nuestro alrededor descansen, funcionamos como los sistemas de los que queremos liberarnos. Lucho y navego por esto a diario mientras interactúo con corporaciones, instituciones e individuos que una y otra vez ignoran los límites de mi flujo de trabajo, me piden trabajo incluso cuando estoy en un período sabático anunciado y solicitan mi trabajo gratis. Me sorprende la cantidad de personas bienintencionadas interesadas en este trabajo que presionan y microgestionan con agresividad nuestras interacciones. La cultura del trabajo duro es un programa que se nos ha impuesto y que se ha reforzado a través de la cultura corporativa y académica, por lo que siempre está presente. Cuando funcionamos pensando sólo en nosotros mismos y creyendo que podemos hacerlo solos, generamos daño y creamos un contenedor para más agotamiento.

Fannie Lou Hamer, luchadora por la libertad e icono de los derechos civiles, y el Dr. Martin Luther King Jr. tenían esta idea de interconexión como principio organizador central. Sus citas «Nadie es libre hasta que todos seamos libres» y «Nadie es libre hasta que todos sean libres» son idénticas tanto en cuanto a energía como en verdad. Los luchadores negros por la libertad han comprendido muy bien la realidad de crear una comunidad amorosa como una práctica de justicia. Bell hooks, en su texto clásico *Todo sobre el amor* se remonta a las palabras del Dr. Martin Luther King Jr. en el capítulo «Comunidad: comunión amorosa». Afirma lo siguiente: «Al escribir sobre la necesidad de tender un puente sobre el abismo entre los ricos y los pobres, Martin Luther King, Jr., predicó: «Todos los hombres [y mujeres] están atrapados en una red ineludible de mutualidad, atados en una única prenda de destino. Lo que afecta a uno directamente afecta a todos indirectamente». Este abismo se salva compartiendo los recursos. Cada día, individuos que no son ricos pero que son privilegiados a nivel material toman la decisión de compartir con otros. La donación mutua fortalece la comunidad».[7] El descanso mutuo y colectivo perturba, interrumpe y sana. Nuestro descanso colectivo, coordinado con un viaje a lo más profundo de nuestros corazones, inicia el proceso de desmantelamiento del capitalismo, la supremacía blanca, el racismo, la homofobia, el capacitismo y el patriarcado.

Si bien es trabajo de todos en el planeta perturbar y hacer retroceder la supremacía blanca y el capitalismo, la negritud y las personas negras son la base y la estrella del norte para mi experimentación con el descanso como una forma de resistencia. Para mí, han trazado el camino hacia el descanso y el rechazo de maneras profundamente espirituales y metafísicas. Descansar es resistir no sería un movimiento sin la negritud. Cualquiera que intente crear y expandir nuestro mensaje de descanso debe llegar a lo profundo de las grietas para estudiar y promover la liberación negra. Es la estrella del norte para un mundo exhausto. Cualquiera que se apropie de nuestro mensaje sin reconocer nuestro trabajo y la erudición de las personas negras está atrapado en lo más profundo de las garras de la cultura del trabajo duro y no podría estar encarnando el descanso. Debe ser criticado cuidadosamente como un agente del capitalismo y el pensamiento de la supremacía blanca.

7. HOOKS, BELL: *All about love: New Visions*, HarperCollins, Nueva York, 2001.

Estamos en crisis. Este movimiento de descanso no es una idea bonita y frívola, sino una disrupción intencional contra sistemas muy violentos. Tiene el potencial de salvar vidas y restaurar cuerpos y mentes. Es un trabajo de sanación que no será fácil. Es una resistencia envuelta en suavidad y lo bastante audaz como para enfrentarse a los poderes establecidos y proclamar tanto en voz baja como a gritos: «¡Descansaremos!».

Este trabajo también trata de la rabia. Mi tierna rabia por lo que los sistemas le han hecho a mi cuerpo, a los cuerpos de mis antepasados, a mi familia y a toda la cultura. Este trabajo es una rabia tierna que se origina en la rabia ancestral que ha sido tácita y ocultada. Cuando pienso en la cultura del trabajo duro y lo que le ha hecho a mi propio cuerpo, profundizo en mi resistencia. Cuando dedico tiempo a procesar la manipulación, la estafa y la declaración de la cultura del trabajo duro de que nuestros cuerpos no nos pertenecen y, en cambio, pertenecen a sistemas que buscan la dominación y la riqueza, me enfurezco y eso me entristece. El descanso colectivo no trata sólo de cambiar nuestras vidas individuales, sino también de modificar todo el paradigma de la cultura. Nuestra disrupción del capitalismo y de la supremacía blanca a través del descanso consiste en retirar el velo y ponernos detrás de la cortina para ver que era mentira todo lo que nos han dicho sobre el descanso, el trabajo, el sueño, el ocio y el cuidado.

Cuando era niña me obligaban a desempeñar mi papel en un estándar de perfección poco realista en la escuela, en el trabajo y en la iglesia. Esta creencia de «hacer más» nos la transmitieron a mí y a mis hermanos mis padres y todos los adultos de nuestras vidas, incluidos nuestros maestros. Recuerdo que estaba en primaria estudiando y mi padre me decía con cariño que siempre tenía que esforzarme más en la vida porque el mundo no me veía como una persona capaz, aunque fuera inteligente. Existía una sensación de que había que hacer más sólo para que me vieran como un igual que siempre flotaba en el aire a mi alrededor. Un estándar de excelencia más alto que se asentaba en la boca del estómago y que me hacía fácil superar el ritmo de vida normal. Hubo momentos en los que me sentí profundamente atrapada en el ritmo de vida a nivel de máquina que exige nuestra cultura y sabía que no me parecía normal. Cada vez que esto sucedía, sentía que algo iba mal. Mi cuerpo no podía relajarse o hacer una pausa de verdad. Mi mente estaba siempre en movimiento, pensando una y otra vez en lo que tenía que hacer a continuación, la última factura que debía pagar, las horas que tenía que trabajar esa semana para ahorrar, los trabajos extra que podía asumir para pagar un gasto inesperado. Cada momento del día se dedicaba a lo que podía lograr. Para mí, la verdadera liberación es no estar intentando siempre demostrar nuestro valor y marcando listas de tareas pendientes. Es simplemente ser.

Me encanta la idea y el concepto de simplemente existir y simplemente ser para la gente negra. La idea de «tienes que ser mejor que los que te precedieron», la excelencia negra y el ciclo interminable de ser una inspiración y un «modelo» es agotadora, insostenible y está impregnada de supremacía blanca, política de respetabilidad y arruina nuestra autoestima como personas negras. ¿Qué pasaría si tan sólo viéramos que nuestro nacimiento, nuestra vida, nuestra respiración y nuestra conexión con nosotros mismos y nuestras familias son suficientes? El conocimiento profundo de nuestra divinidad sin hacer nada más. Esto es lo que espero para muchos de nosotros. Doy gracias a mi padre, mi ser más cercano. Gracias a Dios por mostrarme cómo aprovechar los momentos de descanso mientras vivo dentro de un sistema capitalista.

Este trabajo es más que echarse siestas. La resistencia en nuestro marco Descansar es resistir significa que descansamos sin importar lo que digan los sistemas. Reimaginamos el descanso para nosotros mismos. Creamos espacios de descanso físico, espiritual y psicológico para perturbar y hacer retroceder a la supremacía blanca y al capitalismo. Es una desprogramación de por vida. Un cambio de mentalidad y un *ethos* que se relaciona con el descanso como una herramienta para la liberación. El cuerpo tiene información. La respuesta al trauma es seguir adelante y nunca detenerse. El desgaste nos mantiene en un ciclo de trauma; el descanso perturba e interrumpe este ciclo. El descanso es un *ethos* de recuperación de tu cuerpo como propio. El descanso proporciona un portal para la curación, la imaginación y la comunicación con nuestros antepasados. Podemos resolver las cosas en un Espacio de Ensueño. ¿Qué momentos milagrosos te estás perdiendo porque no estás descansando?

Cómo descansar

No hay prisa. No hay urgencia. Desenredémonos de las mentiras de la cultura de la supremacía blanca. El descanso es una práctica amorosa meticulosa. ¿Cómo será posible descansar en un sistema capitalista? ¿Cómo será el descanso en la realidad de nuestra vida diaria? ¿Cómo podemos pagar las facturas y descansar? ¿Cuál es el primer paso para empezar? Este trabajo no será fácil.

Hay que decir desde el principio que descansar, bajar el ritmo, echarse una siesta y dormir no es lo que la cultura del trabajo duro espera de nosotros. Será verdaderamente una resistencia, ya que los sistemas nos endurecen y nos vuelven máquinas. El descanso nos mantiene tiernos y hay poder en nuestra ternura y cuidado. Tendremos que bajar el ritmo lo suficiente para escuchar lo que nuestros corazones y cuerpos quieren compartir con nosotros. Nuestras vidas son un hermoso experimento de curiosidad y creación. Podemos crear una vida fuera de los sistemas tóxicos. El cuidado colectivo, la imaginación y el descanso son vitales para nuestra liberación. Sin ellos, no lo lograremos.

¿QUIÉN DESCANSA?

El descanso es para los cansados, para los que trabajan duro, para los que intentan abrirse camino, para los que se abren camino pero aún sufren de desconexión, para los que se preguntan cuándo podrán dormir toda la noche, para los que piensan que no son suficientemente dignos para dormir y que no merecen descansar porque han sido socializados para creer eso, para los trabajadores religiosos y los que están en primera línea, para los que crían a sus hijos y tratan de hacer lo mejor, para los emprendedores, para los desempleados, para los trabajadores manuales, para los trabajadores de oficina, para aquellos a quienes les ha lavado el cerebro un sistema que les ha enseñado que no son suficientes a menos que produzcan. El descanso es para todos nosotros. Un movimiento global para que todos podamos volver a conectar con nuestra divinidad. El descanso es nuestro derecho divino. No es un lujo ni un privilegio.

El descanso es tan natural como respirar y despertarse. El descanso es parte de nuestra naturaleza. El descanso consiste en que las personas vuelvan a ser quienes eran antes de que el capitalismo les robara la capacidad de simplemente existir. El descanso es cualquier cosa que nos haga bajar el ritmo lo suficiente como para permitir que nuestro cuerpo y nuestra mente se conecten de la manera más profunda. Debemos centrarnos en saber que nuestros cuerpos y nuestro valor no están conectados a la cantidad de cosas que podemos marcar en una lista. Puedes empezar a crear una «lista de cosas que no hay que hacer» a medida que adquieres la energía necesaria para mantener límites saludables. Nuestra oportunidad de descansar y de reimaginar el descanso es infinita. Siempre hay tiempo para descansar cuando reimaginamos.

El descanso es para todos los que están atrapados en la red de la cultura del trabajo. Nunca debemos olvidar que la cultura del trabajo es una siniestra colaboración entre el capitalismo y la supremacía blanca. Cuando se ve desde esta perspectiva, todos estamos atrapados en estos sistemas tóxicos. Nacimos, crecimos y entrenamos desde el nacimiento bajo el mismo plan de estudios. Tanto los ricos como los pobres están atrapados en la deficiencia espiritual que se produce cuando uno está atado de cualquier manera a un sistema como el capitalismo. Todos somos perjudicados de maneras únicas. Este hecho está respaldado por el estudio de la historia.

Algunos ejemplos para empezar:

1. Desintoxícate de las redes sociales semanal, mensualmente o con mayor frecuencia.
2. Comienza a sanar el trauma individual que has experimentado y que te dificulta decir no y mantener límites saludables.
3. Comienza la práctica diaria de soñar despierto.
4. Acepta que no existe una solución rápida, una fórmula mágica ni un cambio instantáneo.
5. Acepta poco a poco que te han lavado el cerebro. Tu socialización en una cultura capitalista lo hace realidad. Comienza a desprogramarte aceptando esta verdad.
6. Reduce la velocidad.

7. Ahora eres suficiente. Si tienes que repetirte esto todos los días, hazlo con convicción. Comienza a reparar la forma en que la supremacía blanca y el capitalismo han destruido tu autoestima y tu valor propio.
8. Entiende que el agotamiento no es productivo. No descansas para ganar energía para ser más productivo y hacer más.
9. Escucha más.
10. Crea sistemas de atención comunitaria.

¿Cómo es el descanso en la práctica? La lista de la página siguiente ha sido compartida por cientos de miles de personas en nuestras redes sociales como un meme. Toca un lugar dentro de nosotros que busca un camino claro y una guía diaria. Es importante que quienes se sienten atraídos por el mensaje del descanso tengan un camino flexible, complementado con nuestra propia experimentación e imaginación. Tú eres el experto en tu cuerpo. Tu cuerpo sabe más de lo que le damos espacio para compartir. Nuestro cuerpo es su propia tecnología. Reimaginar el descanso es algo más que las siestas. Es un espíritu de desaceleración, conexión y reimaginación. La práctica del descanso es el camino a seguir. El trabajo del Ministerio de la Siesta comienza y termina con el poder de las personas que experimentan en sus cuerpos lo que es el descanso intencionado y conectado. No hay suficientes palabras para explicarle a nadie cómo se experimenta el descanso profundo y tierno. El descanso debe practicarse a diario hasta que se convierta en nuestra base.

El descanso puede vivirse de este modo:

1. Cerrar los ojos durante diez minutos.
2. Una ducha larga en silencio.
3. Meditar en el sofá durante veinte minutos.
4. Soñar despierto mirando por la ventana.
5. Tomar un té caliente antes de acostarse en la oscuridad.
6. Bailar contigo mismo al ritmo de una música lenta.
7. Experimentar un baño de sonido u otras técnicas de curación con sonidos.
8. Un saludo al sol.

9. Una siesta cronometrada de veinte minutos.
10. Orar.
11. Elaborar un pequeño altar para tu hogar.
12. Un baño largo y cálido.
13. Hacer descansos regulares de las redes sociales.
14. No responder de inmediato a los mensajes de texto y correos electrónicos.
15. Realizar una escucha profunda de un álbum de música completo.
16. Un paseo meditativo por la naturaleza.
17. Tejer, hacer crochet, costura y acolchado.
18. Tocar un instrumento musical.
19. Establecer contacto visual profundo.
20. Reír mucho.

El descanso me simplificó la vida. Hizo posibles cosas que antes parecían imposibles. Decidir oponerme a un sistema violento y acostarme me reafirmó en que podía hacer cualquier cosa y desmitificó aún más las mentiras de la cultura del trabajo duro. El miedo y la escasez son una parte importante de cómo la cultura nos mantiene atrapados en la rueda del hámster. Nuestras propias experiencias personales y el refuerzo continuo que recibimos de quienes nos rodean nos paralizan con incredulidad. Empleadores, amigos, maestros, políticos y líderes de la Iglesia me dijeron repetidamente que la vida era para hacer, esforzarse y seguir un camino hacia la riqueza y el logro. He escuchado las siguientes palabras: «El pájaro madrugador atrapa al gusano», «Dormiré cuando muera», «Si no te levantas y te pones a trabajar todos los días, nada te irá bien», «Mientras tú duermes, yo trabajo duro», «Trabaja hasta medianoche para conseguir las cosas», «Soy del equipo insomne», «Levántate y trabaja duro» y «Levántate por tu propio impulso». Todos estos dichos tóxicos y más son parte del lenguaje de una cultura decidida a aumentar la producción y las ganancias.

Sigo escuchando cómo hablan sobre las formas en que nos agotamos para que nos vean como valiosos y me pregunto cuándo cambiaremos para ver nuestro valor inherente. Cuando esto suceda, estaremos más cerca de la liberación. ¿Cómo podemos acceder al placer, la alegría y la liberación si estamos demasiado cansados para experimentarlos? Ésta es una pregunta central del Ministerio. Una indagación para procesar y examinar de manera constante. Hablamos tan bien de todas las cosas materiales e inmateriales que deseamos sentirnos completos y expansivos sin abordar la falta de sueño, el agotamiento y la desconexión que sufrimos. ¿A qué podremos acceder e identificar cuando nos hayamos alineado con nuestras metas y sueños? Pienso en todas las veces que el ajetreo y el agotamiento me han robado la alegría y las posibles conexiones que dan vida. ¿Cuántas veces has intentado conectarte con un amigo o un ser querido, pero un horario de trabajo brutal y la necesidad de esforzarte más han cortado la conexión, te han robado el tiempo que podríais pasar juntos o han hecho que sea casi imposible vincularos? ¿Cuántos padres se pierden las actividades y los recuerdos de sus hijos debido a la llamada de una semana laboral de sesenta horas o de múltiples trabajos? La cultura del trabajo duro perjudica a la comunidad al hacer que sea normal trabajar, acostarse exhausto y levantarse y trabajar más. La rueda de la urgencia del capitalismo gira sin preocuparse por quiénes existen en ella. El capitalismo mercantiliza todo lo que puede y no nos deja espacio para experimentar el espectro completo de la existencia humana.

Además de robarte la imaginación y el tiempo, la cultura del trabajo rutinario nos ha robado la capacidad de disfrutar, de tener *hobbies*, de gozar del ocio y de experimentar. Estamos atrapados en un ciclo interminable de ir y hacer. Durante mi infancia y hasta bien entrada la edad adulta, me enseñaron que los *hobbies* son para conseguir un dinero extra. El ocio y las vacaciones eran algo poco común. Desde que nací hasta que cumplí veinte años, nunca fui de vacaciones en familia ni vi a mis padres irse de vacaciones. La pobreza hacía que fuera casi imposible, ya que cada centavo que entraba en casa se utilizaba para pagar facturas y gastos diarios. Cuando mi padre tenía tiempo libre y vacaciones en el trabajo, lo dedicaba a hacer recados, a ponerse al día con las citas, a hacer reparaciones en la casa o a dedicar tiempo a hacer más trabajo en la iglesia. La primera vez que me fui de vacaciones fue cuando volé a California para ver a mi tío Dennis mientras estaba en la universidad para sacarme un título universitario. Tuvimos poco o nada de tiempo para explorar, pasear, averiguar cosas y relajarnos. La idea de vivir una vida plena y sencilla se complica por las complejidades y desigualdades de nuestra cultura tóxica. La exigencia de hacer espacio para que el tiempo simplemente sea es crucial para nuestra sanación y liberación. No lo lograremos sin ella. La cantidad de descanso consciente que podemos encarnar se convierte en un bote salvavidas en un mar embravecido. Se vuelca en nuestra capacidad de permitir que el acto de cuidado y amor nos salve.

Debemos descubrir, simplificar y abandonar nuestra adicción a estar ocupados.

Que nuestro descanso sea una resurrección. Que se levanten los velos para que podamos sentir, ver, saborear y oler el poder de nuestro ser descansado. Que nos demos cuenta de que se debe hacer un cambio mental completo para reimaginar y reclamar el descanso como algo sagrado. Que nos entusiasme lo imposible y superemos cualquier cinismo o desesperanza para emerger del otro lado, firmes, con amor, persistencia y esperanza. El descanso puede salvarnos, sostenernos y apuntalarnos cuando nos sentimos débiles y estamos contra la pared. Nuestra mayor esperanza para prosperar y ser disruptivos es descansar profunda e intencionadamente. El descanso es el trabajo. Es así como el portal hacia la liberación, y el ajuste de cuentas surgirá y permanecerá abierto. Que el portal del descanso sea nuestro refugio. Que vayamos allí a menudo.

SEGUNDA PARTE

¡SUEÑA!

A mis antepasados: su trabajo y el robo de su cuerpo no serán en vano. Yo descansaré por vosotros. Recuperaré el Espacio de Ensoñación que os perdisteis. Allí resucitaremos juntos.

Inspirado por: Soñar despierto, Octavia Butler, Audre Lorde, Teología mujerista

Sería inteligente que no lo hiciéramos
Démosle la espalda al descanso y al cuidado
No podemos permitirnos el lujo
¡Estar agotado y desconectado!
Nosotros hacemos el trabajo por ellos cuando
Tenemos miedo de nuestro propio poder.

Un momento de ensueño que experimenté mientras estaba de luto

Mientras cerraba los ojos, imaginé que mis trenzas se elevaban para convertirse en hélices que me permitirían levitar y volar a otro planeta. Ese planeta nunca ha experimentado racismo, sexismo, clasismo ni ningún tipo de odio. La gente duerme hasta dieciocho horas al día, como los gatos. Durante el tiempo de sueño, sus sueños producen todo el trabajo que necesitan para sobrevivir y prosperar. La comida se cultiva a través de los sueños. El planeta es un santuario para los cuerpos negros que han sido destruidos en la Tierra a través de la violencia y la opresión. Esas personas ahora están en el consejo que sirve como asesor espiritual de todo el planeta. Trayvon Martin está allí, Rekia Boyd está allí, Sandra Bland está allí, George Floyd está allí y Breonna Taylor está allí. Todos están juntos, vestidos de blanco mientras sonríen y descansan.

Tuve esta visión en una sesión de ensueño de treinta minutos. Me tranquilizó y me permitió un espacio tranquilo para llorar y descansar. Me permitió sentir en mi cuerpo y mente una alternativa a lo que se ha hecho. Yo llamo amor cerebral a mi capacidad de soñar despierta. Este Ministerio eleva la ensoñación como una de las muchas formas de descanso. Una forma de descanso a la que se puede acceder en cualquier momento. Una minisiesta. Cuando éramos niños, a muchos nos castigaban por soñar despiertos en las aulas. Los profesores, formados bajo la cultura del trabajo duro, asumían que el que soñaba despierto era un estudiante que no prestaba atención. Poco a poco aprendemos que nuestro tiempo para imaginar y descargar nueva información es incorrecto y no forma parte del aprendizaje. Comenzamos el proceso de por vida de desconectarnos de nuestros cuerpos y aprendemos a ignorar las formas sutiles y audaces en que nuestros cuerpos y espíritus se comunican con nosotros constantemente.

Puedo soñar despierta durante horas cada día y lo recuerdo con claridad como una práctica diaria desde que era una niña. En esos momentos de ensoñación, procesaba mi propia historia e imaginaba mundos que parecían reales.

Creaba una historia mientras hacía una pausa y dejaba que mi mente y mi cuerpo se conectaran. Siempre he vivido entre el arte y la creatividad. Recuerdo que tenía siete años y estaba sentada en el porche de cemento de mi casa de la infancia de dos habitaciones en Harvey, Illinois. Nunca olvidaré ese porche: cemento liso, con cuatro escalones que se expandían hasta convertirse en un área de escenario, suficientemente grande para una silla y rodeada de un intrincado diseño de hierro. Pasaba veranos enteros sentada en las escaleras y mirando al cielo, cantaba para mí misma, creaba historias, observaba las aves y mantenía el espacio para que mi mente divagara.

A medida que crecía, estos momentos ocurrían cada vez menos. Mis padres, profesores, compañeros de clase, colegas, directivos y amigos me apuraban para salir. Toda la cultura colabora para que no descansemos. No hay ningún sistema en nuestra cultura que nos apoye y nos dé espacio para descansar. Esta cultura no quiere que descanses a menos que eso esté ligado a tu aumento de trabajo y productividad. Nadie te dará descanso. Ésta es una investigación atípica. Una contranarrativa. Es un trabajo de confianza. Es un trabajo de sanación. Es un trabajo de descolonización. Es una subcultura que ofrece espacio para el florecimiento de una resistencia.

El espacio metafísico. El componente clave de este movimiento de descanso. Ésta es la preparación, la petición, la alternativa, la contranarrativa, la caída libre.

Hay que promover una comunidad alternativa de personas que sienten curiosidad por el descanso y verla como una posibilidad. En *La parábola del sembrador* de Octavia Butler, el joven protagonista sirve de inspiración para nuestros sueños: «Estoy aprendiendo a volar, a levitar. Nadie me está enseñando. Estoy aprendiendo por mi cuenta, poco a poco, lección de sueño tras lección de sueño».[8] Esta idea de una lección de sueño resuena con tanta elocuencia como motivación para comenzar el proceso de desenredo y curación. La verdad de que podemos tener miedo o estar inseguros de cómo y cuándo descansaremos es válida. Podemos superar la culpa, la vergüenza y el miedo que surgirán al reclamar nuestros cuerpos y nuestro tiempo como nuestros. Es una verdad vulnerable de la que no deberíamos huir ni escondernos. Puede ser abrumador ir en contra de los deseos y planes de la cultura dominante. Nos han enseñado a apresurarnos, a fingir hasta que lo logremos, a ignorar las señales de nuestro cuerpo para descansar, todo porque nuestros sistemas han sido creados para ignorar y presionar a los trabajadores y a los obreros lo más fuerte posible para aumentar las ganancias.

El aspecto «sueño» de nuestro trabajo de descanso está profundamente ligado a lo metafísico y lo espiritual. Es un momento para liberarse de los confines de la realidad lineal y arraigada. La idea de estar atrapado en la caja de «lo práctico» debe suspenderse durante la desprogramación. La cultura del trabajo duro prospera cuando permanecemos en nuestras cabezas, incapaces de permitir que la tecnología de nuestros cuerpos divinos se eleve y se desarrolle. Hay un conocimiento y una sabiduría inmensos que yacen latentes en nuestros cuerpos y corazones exhaustos y cansados. Creo que la parte soñadora de nuestro desenlace será la más desafiante porque va en contra de todo lo que nos han socializado para mantener el ritmo y la desconexión de la cultura del trabajo duro. El pensamiento de la supremacía blanca nos ha enseñado que sólo hay un binario y la rigidez de este tipo de pensamiento nos mantiene disponibles para los sistemas tóxicos, pero incapaces de habitar la divinidad de nuestro verdadero ser. Éste es un momento para simplemente detenernos y sentir. Es hora de no forzar ni intentar darle sentido a lo que puede y sucederá cuando permitamos que nuestros cuerpos se curen de la enorme carga que hemos estado soportando consciente e inconscientemente. ¿Puedes recordar un momento en tu vida en el que te hayan dicho que el ritmo mecánico de tus días no es normal? Piensa en esto por un momento. Respira esto por un instante. No ha habido espacio para que ninguno de nosotros sueñe con nada

---

8. BUTLER, OCTAVIA: *La parábola del sembrador*, Capitán Swing, Madrid, 2021.

fuera de aquello para lo que hemos nacido. Escuchar la proclamación simple y audaz «Estás haciendo demasiado. Puedes descansar. Puedes simplemente ser. Puedes ser» es revolucionario. Creérselo y seguir soñando con formas de sentir y encontrar descanso, cuidado y sanación es liberación.

Cuando reconocemos esto, podemos, poco a poco, comenzar a honrar nuestros cuerpos y confiar en nuestra capacidad de aprender nuevas formas de ser. No tenemos por qué estar agotados, privados de sueño, dolorosamente exhaustos o desconectados de nosotros mismos y de los demás.

Incluso cuando no tenemos todas las respuestas sobre las mejores formas de desprogramarnos de nuestro lavado de cerebro con respecto al descanso, aún podemos seguir adelante. Siempre podemos estar abiertos a soñar con el proceso de descanso. Para muchos, el descanso no es una propuesta familiar. Puede ser inquietante experimentar las formas desconocidas en que el descanso puede salvarte. Debemos seguir aprendiendo, confiando y experimentando. Si perdemos la esperanza, debemos acostarnos y soñar con formas de encontrar la motivación de nuevo.

Descansar en un Espacio de Ensueño es como un ladrillo rojo que atraviesa la ventana de cristal del capitalismo. Quiero que nuestro descanso intencionado le grite a la opresión con un megáfono y que luego emerja suave y pleno. Que susurre poco a poco a un ritmo que se sienta innecesariamente lento y torpe hasta que se convierta en tu latido del corazón. Deja que el espacio que pide el sueño te devuelva a tu verdadero yo. El tierno ser humano vive atado por el violento deber de trabajar en exceso para justificar su valor. El sueño es nuestro trabajo. El descanso es nuestra meta.

Se ha producido un robo del Espacio de Ensueño. Nuestra capacidad de soñar, hacer una pausa y soñar despiertos ha sido sustituida por el robo de tiempo, autoestima, esperanza y conexión con nosotros mismos y con los demás. Al poner a la gente a dormir, la estamos despertando. ¿Cómo soñamos con un futuro que queremos ver? ¿Cómo nos conectamos simplemente con nuestro flujo de sueños? ¿Quién te enseñó la capacidad de soñar? ¿Quiénes son los que agudizan tu visión? ¿Cuándo se desvaneció tu deseo de soñar despierto? ¿Cuándo comenzaste a confundir la idea de soñar despierto como algo frívolo y una pérdida de tiempo? ¿Cómo puedes comenzar a darte la bienvenida a un Espacio de Ensueño que está esperando que te conectes con él? ¿Cómo puedes comenzar a desconectarte de las mentiras de la cultura del trabajo duro lo suficiente como para caer en un momento de ensueño? Necesitarás coraje para desprogramarte del lavado de cerebro del capitalismo. Precisarás horas y horas de ensueño y silencio para mantener un flujo energético que sea una guía para tu liberación.

La teóloga mujerista Emilie Townes comparte de manera hermosa la plenitud de la liberación como proceso. En su artículo «Ethics as an Art of Doing the Work Our Souls Must Have» («La ética como el arte de hacer el trabajo que nuestras almas deben tener»), que aparece en la antología *Womanist Theological Ethics: A Reader* («Ética teológica mujerista: una lectora»), habla sobre cuán diferentes son la liberación y la libertad: «Se debe hacer una distinción importante: la liberación y la libertad no son lo mismo. La liberación es un proceso. La libertad es un estado temporal del ser. La liberación es dinámica. Nunca termina».[9]

Al leer su obra fue la primera vez que comencé a descansar en la belleza de la liberación como una práctica que dura toda la vida. Esto finalmente me dio el permiso y la visión para emprender el camino hacia los sueños.

Ahora había tiempo para simplemente ser. Antes de experimentar esta revelación, creía que tenía que descubrir todo lo que me hacía daño en mi vida interna y externa y corregirlo de inmediato con la información que tenía frente a mí. Las cosas siempre eran urgentes y apresuradas. Siempre me rondaba una sensación de ansiedad por lo que debía hacer.

Nunca me enseñaron que tenía una gran cantidad de información y orientación curativas esperándome en un estado de desaceleración de un Espacio de Ensueño. Me dijeron lo contrario: que siempre debía trabajar para funcionar. No veía mi cuerpo como un lugar de sabiduría infinita, sino como una herramienta que se podía utilizar para impulsar, crear, descubrir y hacer. La mayoría de los que sobrevivimos a las

---

9. CANNON, KATIE GENEVA; EMILIE M. TOWNES Y ANGELA D. SIMS: *Womanist Theological Ethics: A Reader*, Westminster John Knox Press, Louisville, 2011.

exigencias de la cultura del trabajo duro estamos aquí. Lo sé por la reacción de muchos cuando oyen hablar por primera vez de nuestro trabajo y comienzan a adentrarse en la idea de que va mucho más allá de las simples siestas.

Soñar despierto es una manera de descansar y es como la apertura de tu corazón, que hace lo que se supone que debe hacer. Es como los suaves brazos de mi abuela mientras me acaricia la cabeza. Una manta de cuidado que te envuelve con firmeza. Un ahora reconfortante. Estamos socializados en sistemas que nos hacen conformarnos y creer que nuestro valor está conectado a cuánto podemos producir. Nuestro trabajo constante se convierte en una prisión que nos permite estar desencarnados.

Nos volvemos fáciles de manipular para los sistemas, desconectados de nuestro poder como seres divinos y sin esperanza. Olvidamos cómo soñar. Así es como continúa la cultura del trabajo duro. Interiorizamos las mentiras y, a su vez, nos convertimos en agentes de una forma de vida insostenible. Recuerda, la cultura del trabajo duro no es un monstruo ilógico que se aleja de nosotros. Está en nuestros comportamientos cotidianos, nuestra falta de límites para nosotros mismos y para los demás, las elecciones que hacemos y cómo nos relacionamos con nosotros mismos y con nuestra comunidad. Somos cultura del trabajo duro. Debemos descansar y soñar.

Audre Lorde es la inspiración de nuestros sueños. A todos los que siguen este ministerio les digo que lean toda su obra. Que se sumerjan en ella. Que descansen con ella. Que dejen que sus formas radicales de pensar los sostengan como las manos de su amante. Hay que concederse tiempo para leer, procesar y sanar. No es una carrera. La urgencia es un mito que se aprovecha de los miedos frente al futuro. Al igual que Audre Lorde, estoy totalmente enamorada y pongo mi cuerpo en el altar de la poesía. Soy una soñadora porque soy poeta. En su ensayo *La poesía no es un lujo*, comparte poéticamente su apego y creencia en la poesía como una necesidad para la esperanza. A veces me acuesto y leo su poesía con la esperanza de quedarme dormida mientras la leo, para poder quedarme dormida flotando en sus palabras. Cada estrofa me lleva más profundamente a un estado de sueño. «La poesía no es sólo sueño y visión: es la arquitectura esquelética de nuestras vidas. Sienta las bases para un futuro de cambio, un puente sobre nuestro miedo a lo que había antes».[10]

No creo que hubiera llegado a este viaje de ensueño si no fuera amante de la poesía y poeta. A veces me pregunto si habría sido capaz de conceder espacio a la posibilidad de cambiar de cultura a través de las siestas. Tal vez podría haber llegado hasta este punto sin la colaboración del arte, pero habría sido una escalada más difícil. Para mí, la poesía, como el descanso, surge del lugar silencioso de nuestra escucha. La poesía, como el descanso, abre rincones de lo desconocido mientras guía sin esfuerzo. La poesía da sentido al significado y nos permite volver a unir las cosas que se han desgarrado. La poesía, como el descanso, puede dar miedo debido al misterio que permite, pero es exactamente por eso por lo que debemos enfrentarnos a nuestro miedo y soñar y dejar que el descanso guíe nuestra curación y curiosidad.

El descanso son conversaciones de la vida real.
No conozco otro camino a seguir.
El descanso es la hoja de ruta.
La fuerza guía: alguien que dice la verdad.
El descanso es un encuentro con uno mismo.
Con agenda mecanografiada.
El descanso está de rodillas y susurra palabras en silencio
en el lado derecho de la cama.
El descanso es soñar a la hora del almuerzo.
La energía del rastafari que me mostró cómo
orar de pie,
con los ojos abiertos
las manos bien estiradas
«Porque, ¿cómo veréis y sabréis cuándo vuestras oraciones
son respondidas?».
El descanso es aceite sagrado
de la cómoda de madera de mi madre.
Aceite de oliva de Pompeya, el de lujo, en frasco de cristal.

10. Lorde, Audre: *The Selected Works of Audre Lorde*, W. W. Norton, Nueva York, 2020.

Bendecido por las ancianas.
Derramado sobre nuestras cabezas mientras reprendemos al diablo.
El descanso es la imposición de manos.
Un campo de fuerza a tu alrededor.
El descanso es un sueño hecho realidad.
Un portal.
Un lugar honesto.
Un lugar de confianza.
Un refugio sagrado.
Un anhelo tan largo como una disertación.
El descanso funciona.
El sueño del descanso.
Poder infinito en movimiento.
Cuidado que nos rodea.
El descanso es un regalo y una antena.
Una antigua llamada que cuelga en las puntas de las lenguas,
de una cabeza ligeramente conectada sobre una almohada de seda.
El descanso nos mantiene cerca.
El descanso es hogar.

Una vez que decidí que descansaría y soñaría, sin importar las consecuencias, cuando adopté el enfoque de «dejar que las fichas caigan donde tengan que caer», la tranquilidad, el apoyo y la claridad llegaron con rapidez y facilidad. La fe radical es lo que fundamenta mi ética de vida y, por lo tanto, fundamenta cómo estudio el descanso. Poseer una fe extrema es una práctica de vivir al límite, pero me siento arropada y protegida. Una vez que te asientas en ella, obtienes poder de la sensación. Te conviertes en magia. Puedes elevarte. Puedes soñar. Tengo la esperanza de que este Ministerio perturbe la idea que nos ciega a las posibilidades que nos esperan al otro lado del agotamiento. Cuanto más he experimentado de manera personal con el descanso, más me he abierto y expandido hacia lo que es verdaderamente posible. He observado que el descanso me devuelve a mí misma de una manera que siento natural y profundamente conectada. Durante casi diez años, puedo recordar de forma consciente cómo me movía aturdida por la vida. Cuanto más descansemos, más nos despertaremos. Si el descanso nos proporcionó supervivencia y nos sostuvo durante la esclavitud durante una época en la que nuestros cuerpos eran propiedad de otros y las familias estaban separadas, ¿por qué ahora limitamos lo que puede hacer por nosotros? ¿Por qué ahora lo encasillamos y sofocamos sus llamas resucitadoras? Si el descanso es del todo liberador, mágico y todopoderoso, ¿cómo nos atrevemos a limitarlo con las mentiras de la supremacía blanca, el capitalismo, el patriarcado y el capacitismo? Creo que vivimos por debajo de nuestro potencial como seres divinos con un cuerpo listo para la libertad. Sé que el descanso radical nos salvará si lo permitimos. Sé que permitirle a tu mente el espacio para sentir y soñar despierto cambiará las cosas.

Las personas negras que son descendientes de africanos esclavizados debido al comercio transatlántico de esclavos y a la esclavitud deben considerar el hecho de que sus antepasados construyeran esta nación entera de forma gratuita con su trabajo robado. Deben utilizar este conocimiento para aprovechar lo que ya han hecho, de modo que ahora no tengan que desgastarse hasta el olvido. Sus antepasados quieren hacer espacio para su tranquilidad y descanso. Deben detenerse lo suficiente para recibir esta percepción en sus sueños y descargas. Creo que en el portal del descanso hay respuestas esperándonos.

La historia es muy importante para la base del Ministerio de la Siesta. Nuestro recuerdo de la historia se nutre de la ensoñación. El trabajo por la justicia de la década de 1960 me inspira activamente y, desde que era adolescente, estuve obsesionada con estudiar la historia del Movimiento por los Derechos Civiles, la No Violencia Kingiana, Rosa Parks y la erudición de Malcolm X. Si bien estos mentores de papel (personas de las que aprendes, te inspiran e intercambias ideas en una relación centrada en el estudio de sus escritos), individuos que nunca he conocido en persona, ofrecen una gran inspiración. Mi capacidad para abrazar el misterio, la historia, el espíritu y los sueños procede de mi abuela Ora. La historia de mi familia aparece junto con el plan de estudios que seguí en la escuela. Junto con su modelado de cómo puede ser reimaginar el descanso cuando era niña, la forma en que vivió su vida y prosperó es una clase magistral que nos enseña a entregarnos a un Espacio de Ensueño. Ella es mi antepasado, pero ahora aparece en mis sueños de manera regular. De niña, me decía que yo era su favorita entre nuestras sesiones de jardinería y conversaciones filosóficas en el sofá cubierto de plástico de su pequeña sala de estar. Me sentaba bajo sus amplios brazos y escuchaba mientras hablaba en lo que parecía otro idioma de misterio y asombro. Conectamos a un nivel espiritual y yo estaba unida a ella como una lapa. Para mí, ella lo sabía todo, tenía remedios caseros para cada dolencia, cocinaba grandes tartas de arándanos, abría su casa a todos y cada uno de los miembros de la familia que necesitaran un lugar para descansar la cabeza. Pero fue verla soñar despierta, descansar los ojos, rezar y profetizar sobre los caminos del espíritu lo que me atrajo a este mundo de encarnación y sueños y me cautivó. Una vez me dijo que no debía tener miedo de los muertos cuando pasábamos por un cementerio en nuestro camino a la tienda de la esquina. Me comentó: «No tengo miedo de los muertos. Dormiría en paz en un cementerio. Los espíritus están a nuestro alrededor. Estoy más preocupada por los que caminan erguidos en la tierra. Ésos son los que hay que tener en cuenta. No pierdas de vista a los vivos». La directiva de «no perder de vista a los vivos» ha creado un camino para que crezca mi curiosidad. Estoy totalmente centrada en las formas en que nosotros, como colectivo, podemos salvarnos descansando. ¿Cómo podemos soñar con ser libres? Mi sueño y mis ensoñaciones son formas de descanso. No tenemos que esforzarnos. Hacerlo es algo desconectado y violento. Soñar crea energía, me permite conectarme con mis ideas más profundas y ofrece espacio. El espacio para simplemente ser y liberarse de las demandas de una cultura de rápido movimiento y sin parar es muy importante. Sin él, permaneceremos atrapados en el ciclo interminable de trauma que crea la cultura del esfuerzo. La cultura del esfuerzo nos mantiene a todos en un ciclo de trauma y el descanso lo interrumpe. Sueño despierta todos los días, y he utilizado esta práctica de descanso cuando no había tiempo para detenerme, me acostaba debajo de una manta y descansaba durante un ciclo de sueño completo. Es parte de la práctica meticulosa del amor. Nuestro sueño colectivo es la siguiente dimensión en este trabajo. Debemos seguir permaneciendo en el Espacio del Sueño.

Para permanecer en el Espacio de Ensueño se necesita práctica y visión. Es necesario abrirse a la belleza del tiempo que pertenece a las personas. ¿Cómo podemos recuperar el espacio que tenemos para soñar?

Técnicas para crear espacio para soñar:

- Fomenta una comunidad profunda a la que no se le permita publicar en línea. Busca y crea espacios de intimidad, responsabilidad y vulnerabilidad.
- Sé subversivo como mis antepasados en el Ferrocarril Subterráneo, como mis antepasados durante la Gran Migración. Inventa un espacio de alegría, libertad y descanso ahora mismo. Justo frente a ti. Acuéstate.
- Vaga hasta perderte. Sé como los cimarrones. Decide que nunca serás esclavizado. No huyes porque no perteneces a los sistemas. No hay nada de lo que huir.
- Descansa despacio. Descansa en secreto. Descansa al aire libre. Deja de usar el teléfono. Escribe más cartas a mano. Documenta tu existencia en tiempo real sin conexión.
- Intercambia y participa en la ayuda mutua, haz del cuidado de la comunidad tu mayor objetivo, aprende a cultivar tus propios alimentos o apoya a un agricultor negro o indígena que lo haga, construye con un herbolario y otros trabajadores de base.
- Descansa como si tu vida dependiera de ello, pase lo que pase. Así es como prosperaremos.

La dimensión espiritual del descanso es evidente en nuestras Experiencias de siesta colectiva. La habitación está cuidadosamente diseñada para que el portal del descanso se abra y nos sostenga. Los elementos para estas experiencias han permanecido inalterables desde la primera de 2017: colchonetas de yoga, almohadas, mantas, velas, un altar de descanso que contiene fotos de archivo de personas negras descansando, algodón crudo, frascos de agua, flores frescas y una banda sonora de música seleccionada para el descanso. El primer evento iba a ser una presentación de arte de una sola noche. Una oportunidad de conservar todo el conocimiento que estaba aprendiendo en la escuela de posgrado y una oportunidad de reunir la investigación de archivo que guio la formación del Ministerio de la Siesta. Esperaba que asistieran tal vez diez personas. Al final, cuarenta personas se sentaron y se echaron una siesta en el altar del descanso. No conocía a la mayoría de los cuarenta asistentes. Todos vinieron a descansar después de enterarse en pequeños periódicos locales o a partir de un amigo. Los sonidos de la naturaleza los tranquilizaban mientras se acurrucaban en almohadas en el suelo, envueltos en mantas que traje de mi propia casa y de la casa de mi madre.

Mientras caminaba despacio, conectándome con la estancia, hubo un momento en el que todos los que estaban allí dormían pacíficamente al mismo tiempo. Un silencio poderoso envolvió la habitación y recuerdo que me sentí abrumada por ese momento divino, mientras cuarenta extraños compartían el espacio de una manera muy íntima y vulnerable. Todo era tan sagrado, seguro y expansivo mientras la energía del descanso colectivo llenaba la habitación… Me abrió los ojos a lo honrada que me siento de que me confíen la tarea de guiar a las personas hacia un estado de sueños.

Después de dos horas de gente entrando y saliendo del portal de descanso, tuve que despertar a la gente para poder desinstalar la sala a tiempo para el siguiente evento que se había reservado más tarde. Podrían haber dormido toda la noche. Aparecieron muchas lágrimas cuando abrí espacio para la «Charla sobre la siesta» después de la experiencia de descanso. Las lágrimas siempre surgen en cada Experiencia de siesta colectiva, ya sea en persona o virtual. La gente se despierta llorando al darse cuenta de lo exhausta que está. No eran conscientes de su agotamiento hasta que experimentaron una siesta en pleno día. Ese momento de pausa sacó a la luz muchas cosas. Otros lloran porque están abrumados por la emoción de haber descansado sin culpa ni vergüenza por primera vez en sus vidas. En una Experiencia de siesta colectiva organizada en una biblioteca pública de Atlanta, una mujer compartió con el grupo que, por lo general, se siente sola y, en ese momento de descanso junto a otras personas, se sintió contenida y vista. Mientras recogía para irme, un individuo se me acercó y me preguntó para cuándo estaba programada la siguiente. En sus palabras, «Tenemos que echarnos más siestas. Las necesito».

Nunca había planeado hacerlo con más regularidad, pero la gente seguía pidiendo la siguiente y permanecí abierta a las formas creativas en que las experiencias de descanso podrían instalarse en la comunidad. Al principio, no dije que no a ninguna petición de instalar una experiencia de descanso. Ésta ha sido una práctica maravillosamente expansiva que ha permitido que la comunidad descanse en estudios de yoga, sótanos de iglesias, parques de la ciudad, salas de conferencias, bibliotecas, teatros, librerías, gimnasios, escuelas públicas, universidades, galerías de arte, hogares, apartamentos y espacios de trabajo compartidos. Dondequiera que haya un piso limpio o un espacio al aire libre, existe la posibilidad de que se instale y organice una experiencia de descanso. Durante esa primera experiencia de descanso, miré al otro lado de la sala y pensé en lo especial, sagrado, liberador y ungido que es el descanso colectivo.

Desde nuestro primer programa exclusivo, la Experiencia de la siesta colectiva ha seguido evolucionando desde 40 personas, o a veces sólo 2 personas, hasta eventos de descanso virtuales con varios cientos de participantes. Una de las experiencias de siesta más hermosas a las que he asistido ocurrió en las montañas de Colorado para un retiro llamado Stress Protest, organizado por la organización Girl Trek. Más de quinientas mujeres negras de todo el país se reunieron para una experiencia de una semana de talleres, clases y compañerismo. Cincuenta mujeres negras se reunieron en un gran gimnasio lleno de colchonetas de yoga, almohadas, iluminación tenue y una lista de reproducción seleccionada de música negra curativa. Sus edades oscilaban entre los veintiuno y los sesenta y cinco años. Estaban listas y emocionadas por acostarse juntas. Mientras se acomodaban, vi cómo los cuerpos pasaban de tensos y controlados a relajados y abiertos. Durante treinta y cinco minutos, toda la sala se mantuvo en un estado de descanso fluido y libre. El ambiente era esperanzado y pleno. El silencio recibió la reverencia que se merece mientras la respiración de todos en la sala comenzaba a sincronizarse y llevaba a cada persona a un sueño concentrado y profundo. Caminé lentamente alrededor del perímetro de la sala con un incienso de lavanda en la mano. El rastro de humo se elevaba con elegancia detrás de mí mientras observaba en silencio lo que significa interrumpir y contraatacar. El poder de cincuenta mujeres negras que bajaron el ritmo durante una hora en medio del día para simplemente estar sin tener que trabajar, responder al teléfono u ocuparse de sus preocupaciones. Un espacio suave en el que aterrizar. Durante la charla de la siesta, una persona que descansaba compartió un sueño que tuvo sobre su abuela, que había fallecido hacía poco. Pasaron un momento de conexión juntas en sus sueños. Estaba visiblemente emocionada por esta visita y la consideró curativa y reconfortante.

En cada experiencia de siesta, leo la invocación del Ministerio de la Siesta como una invitación abierta al descanso. Justo en el momento antes de que una persona se sumerja en un estado de sueño, mientras se encuentra entre el mundo de la vigilia y el del sueño, comienzo lenta y suavemente con la primera frase: «Las puertas del templo de la siesta están abiertas». Continúo repasando cada párrafo con cuidado mientras esta llamada al descanso conduce a los dispuestos hacia el portal del descanso. En medio del manifiesto, hay una línea de gratitud. Poco a poco y con intención, leo frente a los cuerpos de los que están tumbados en el suelo: «Gracias por vivir. Gracias por descansar. Gracias por resistir». Una vez que termina la lectura, la mitad de la sala suele estar ya en un estado de descanso, y la otra mitad está en camino. Durante cuarenta minutos suena la banda sonora y esperamos a que aparezca el espíritu del descanso. Siempre lo hace. El descanso nunca nos ha fallado. Soñar nunca nos fallará.

Al principio no estaba segura de que la gente fuera capaz de echarse una siesta en una habitación, a mitad del día y con desconocidos, mientras una mujer con la que no están muy familiarizados, que se hace llamar la obispa de la Siesta, les ofrece una almohada y una manta. ¿Dejaría alguien su cartera y su teléfono móvil, se quitaría los zapatos y se acurrucaría bajo una manta recién lavada y una almohada a juego en una habitación llena de gente desconocida? ¿Se sentirían cómodos? El sueño, ¿sería leve o profundo? ¿Cómo reaccionarían cuando llegara el momento de despertar? Suena descabellado y poco realista, pero por esa misma razón funciona y ha llegado a los corazones de tantas personas en todo el país y el mundo. El Ministerio de la Siesta siempre ha sido el experimento personal de una artista negra agotada y curiosa. Yo era consciente de lo que el descanso había hecho por mí, pero ver cómo se transformaba en un momento de sanación colectiva para otros ha sido una bendición absoluta.

Muchos de nuestros primeros experimentos se llevaron a cabo en el Yellow Mat Yoga and Wellness de Atlanta, Georgia, uno de los pocos espacios de yoga propiedad de negros en la ciudad. Allí se han generado muchos momentos mágicos y poderosos: alguien me dijo que mientras dormía, sintió que el suelo se movía y se sintió envuelta en una manta. Le pareció tan real que al despertar me preguntó si me había acercado a ella para colocarle una manta con cuidado. Le dije que no porque nunca toco a nadie sin su consentimiento y mientras duerme. Simplemente me siento, camino, observo y mantengo el espacio para que la habitación se transforme. Estoy en modo protector, receptor y tranquilo. Se sorprendió de que su sueño fuera tan real que le hiciera creer que la arropé. Durante un intercambio grupal de Nap Talk, una mujer comenzó a llorar en voz alta. Le pregunté si quería compartir la raíz de la emoción y confesó que nunca nadie le había dicho «gracias por vivir». Afirmó que durante semanas había estado deprimida y se sentía indigna. Poder sentir gratitud por su vida a través de las palabras de un poema y un sueño mientras dormía la despertó a la paz y a un momento de ligereza.

Despierto a las personas con cuidado, ya sea ajustando la luz o reproduciendo una canción de la lista seleccionada, comenzando con el volumen bajo y aumentando poco a poco. Esto permite a las personas salir de un estado de descanso muy suavemente. No hay prisa. No hay urgencia. Las experiencias de siesta colectiva permiten momentos para simplemente ser, para recibir atención, para experimentar el ocio, para soñar despierto, para soñar, para no estar a la expectativa, para no sentirnos apurados y para ser adorados simplemente por ser y no por lo que hemos hecho. A medida que sube el volumen de la música, los ojos comienzan a abrirse, las extremidades empiezan a estirarse y las mantas comienzan a moverse. Éste es un instante de encarnación y un momento en el que se pueden crear conexiones. Nos conectamos con las partes más profundas de nosotros mismos cuando estamos descansados. Éste es también un momento de intimidad y vulnerabilidad. Mientras nos preparamos para lidiar con la dureza de la vida cotidiana, el descanso se convierte en un espacio de suavidad física y espiritual. Un antídoto para la rabia oculta presente en un cuerpo exhausto. El descanso es una protesta. El descanso es una hermosa interrupción en un mundo sin botón de pausa.

Soñar es la forma en que nos movemos hacia la liberación porque es una perturbación directa a la realidad colectiva de la vida bajo el capitalismo. La cultura del trabajo es violencia. Esto no se puede repetir lo suficiente y debemos repetirlo una y otra vez a medida que profundizamos en esta verdad. Lo leerás a lo largo de este manifiesto. La cultura del trabajo es violencia y la violencia crea trauma. Hemos sido muy traumatizados. Se ha ignorado y degradado nuestra divinidad como seres humanos.

Cada mes, miles de personas entran en privado en nuestras bandejas de entrada de las redes sociales y comparten con valentía la profunda culpa y vergüenza que sienten por descansar. «Siento que debería estar haciendo algo», «Me siento inútil cuando no estoy marcando cosas en mi lista de tareas pendientes», «Me siento perezoso e indigno si paso el día entero en actividades de ocio». Atados a la culpa y la vergüenza, incapaces de asentarnos en el regalo que nos otorgaron cuando podemos simplemente ser. Aquí es donde comienza el sueño. Estás activando todo el poder que ha sido olvidado. Estás creando un nuevo camino.

No hay pautas rígidas sobre cómo abrazar la belleza de soñar. La belleza de este trabajo reside en su inherente flexibilidad y su llamada a la experimentación. Es una confianza profunda que debes concederte a ti mismo. Es un salto. Una práctica de confianza. Una activación divina. La experimentación comenzó a tomar forma con mi cuerpo exhausto leyendo el libro *Slave Testimony: Two Centuries of Letters, Speeches, Interviews, and Autobiographies* para un trabajo de investigación para una clase de posgrado sobre Trauma cultural. Tengo ese libro desde hace casi veinte años y se encuentra en mi estantería como un recordatorio de la historia. Lo saco periódicamente y leo fragmentos. Siempre me sacudió el relato en primera persona de los esclavos. Este vistazo a su mundo.

Una ventana y un documento de las microhistorias de sus vidas. Con 750 páginas, no es un libro para leer de una sentada, sino una guía de referencia y archivo. El libro es «el primer intento sistemático de recopilar en un volumen varios tipos diferentes de fuentes de esclavos. Incluye 11 cartas escritas por esclavos entre 1736 y 1864, 8 discursos, 129 entrevistas realizadas por periodistas, académicos y funcionarios del gobierno entre 1827 y 1938, y 13 autobiografías que aparecen en publicaciones periódicas y libros raros entre 1828 y 1878.[11] El Ministerio de la Siesta no existiría sin mi compromiso con este libro. Muchas noches me acostaba en el sofá leyendo y me quedaba dormida con el libro sobre mi pecho. Estaba hipnotizada por esas voces, me calmaban. Pasé horas con post-its marcando páginas en categorías de tierra, vida laboral, religión, dolor y familia. Intentaba obtener una visión más profunda de cómo eran sus vidas con la esperanza de aferrarme a una palabra o frase que abriera otro significado. Quería comunicarme en profundidad, y cuando mi curiosidad aumentó, se convirtió en rabia a medida que me obsesionaba con los detalles de las entradas de la vida laboral. Mientras dormía y me echaba siestas todos los días, a veces desmayándome después de una jornada de quince horas de trabajo, escuela, prácticas y estudios, comencé a soñar con mis antepasados y por lo que pasaron sus cuerpos. Esta experimentación del descanso comenzó ahí.

Recuerdo un día de 2013, cuando estudiaba el primer año de posgrado. Estaba en un estado fluido de agotamiento y movimiento constante. Ahora puedo recordarlo y dar nombre a la profunda sensación de desconexión que estaba experimentando. Me parecía normal estar agotada, cansada tras quince horas diarias de estudio, clases, trabajo y maternidad. Así era. Acepté que no había tiempo para un momento de descanso. Cuando finalmente me desmayaba por las noches, ni siquiera recuerdo si mi descanso era satisfactorio y definitivamente no recordaba ninguno de mis sueños. Miré mi calendario el primer día de clases mientras anotaba a mano mi horario diario en una agenda:

5:30: Despertarme para estudiar un poco y empezar a preparar el desayuno para mi hijo.

6:30: Despierto a mi hijo para que se vista y llegue a la parada del autobús a las 7:30. (*¿Por qué los niños pequeños van a la escuela tan temprano? Otra prueba de que la cultura del trabajo duro está arraigada en las escuelas públicas*).

---

11. BLASSINGAME, JAMES W.: *Slave Testimony: Two Centuries of Letters, Speeches, Interviews, and Autobiographies*, Louisiana State University Press, Baton Rouge y Londres, 1977, pp. 109, 217, 218, 220, 221.

7:30: Camino hasta la parada de autobús público para tomar el autobús hasta la estación de tren, que está a menos de cuatro kilómetros de mi casa. *(A veces caminaba).*

8:00: Tomar el tren durante treinta y cinco minutos hasta la primera parada.

8:40: Traslado al autobús que va directo al campus.

9:00: Llegada a la escuela y comienzo de la primera clase.

10:00: Comienza la segunda clase.

11:00-12:30: Estudio.

12:30: Almuerzo.

14:00: Comienza la tercera clase.

15:00: Estudio en la biblioteca del archivo.

18:00: Tiempo de estudio y escritura en la biblioteca.

21:00: Inicio del viaje de regreso a casa.

21:30-23:30: El transporte público consta de tres autobuses y un tren. Después de que finaliza la hora punta, alrededor de las 20:00, el sistema en Atlanta reduce la frecuencia de los horarios, por lo que los viajes se demoran más.

Medianoche: Llego a casa, me ducho, tomo un refrigerio, me acuesto y comienzo de nuevo.

Comenzar de nuevo a las 6:00.

Ahora miro este horario y no puedo creer que haya seguido así durante tanto tiempo sin sufrir un colapso físico o mental. Éste es un día normal y la mayoría de las veces habría muchas horas más con las pasantías obligatorias realizadas el sábado y el domingo.

Nombro al mundo académico como uno de los principales lugares de la cultura del trabajo duro. La sede del esfuerzo a pesar del agotamiento, la competencia, las expectativas y la falta de equilibrio. Durante la época de exámenes finales, vi a gente que vivía en la biblioteca sin salir ni un instante, llevando sacos de dormir para ponerlos debajo de las mesas y entre las estanterías. En numerosas ocasiones pasé noches enteras en la biblioteca para sesiones de estudio grupales con compañeros de clase durante la semana de exámenes finales. El estrés, la ansiedad, el currículo sobrecargado y la presión que normalizamos en las escuelas públicas y la educación superior son tóxicos y peligrosos para todos los involucrados, pero, sobre todo, para los niños pequeños y los adultos jóvenes que aún están desarrollando un sentido de sí mismos. Están expuestos a la mentira de que su valor está determinado por cuánto pueden lograr constantemente y se reafirma y se recompensa cuando llevan sus cuerpos al límite para obtener buenos resultados en las clases. Muchos también comienzan a entregarse a la vida del perfeccionismo, que es una función de la supremacía blanca. Interiorizamos los mensajes tóxicos que recibimos de la cultura y comenzamos a odiarnos a menos que estemos cumpliendo una tarea. Buscamos la validación externa de un sistema violento carente de amor. Soñar y crear el espacio para soñar es el remedio y la cura.

La energía del amor es primordial para el cuidado comunitario. Soñar se convierte en la receta y el bálsamo necesarios para sostener esta resistencia al descanso a largo plazo. Amarnos a nosotros mismos y a los demás profundiza nuestra disrupción de los sistemas dominantes. Ellos nos quieren enfermos, temerosos, exhaustos y sin un profundo amor propio porque somos más fáciles de manipular cuando estamos distraídos por lo que no es real ni verdadero.

Para profundizar en la realidad de cuán distraídos y desconectados estamos de las antiguas verdades del descanso, creamos la Resurrect Rest School en enero de 2020 como una oda a las Freedom Schools de la década de 1960. La escuela es un espacio alternativo y temporal de estudio profundo, cuidado comunitario y compromiso con la educación como clave para nuestra libertad. Con esto en mente, nuestra Resurrect Rest School se formó para elevar la necesidad de una educación dirigida en torno a los principios del marco Descansar es resistir. Se creó para profundizar en la práctica de por qué es necesario el sueño colectivo. Trata de hacer retroceder la exposición superficial y de consumo rápido en las redes sociales que muchos creen que es el fin de la educación y el desenlace del capitalismo. En la Rest School estudiamos, analizamos y discutimos el texto juntos. Alrededor de una mesa y con rotuladores y bolígrafos, soñamos con nuevas ideas y nos anclamos en el tiempo comunitario para simplemente ser. Repartimos copias del texto de liberación para que todos los que están alrededor de la mesa participen y analicen. Hay tés de hierbas, bocadillos saludables, compañerismo, y todo termina con una siesta colectiva. La Resurrect Rest

School se diferencia ligeramente de nuestras experiencias de siesta colectiva porque se centra en el estudio intensivo y nos proporciona espacio para probar nuestros aprendizajes y cuestionar lo establecido. La escuela permite un espacio para profundizar en las teorías que mantienen unido este trabajo. Para cambiar la cultura y transformar verdaderamente, se necesita un estudio y un esfuerzo constantes arraigados en visitar el Espacio de Ensueño con frecuencia. Es un proceso de aprendizaje y desaprendizaje. Es un proceso de amor. El texto «El amor como práctica de la libertad» de bell hooks fue considerado la primera experiencia de estudio. Recomiendo a todos que lo lean y mediten sobre cómo nos está impulsando a pensar de nuevas maneras sobre el verdadero poder del amor en el trabajo justo. Ella escribe: «Sin amor, nuestros esfuerzos por liberarnos a nosotros mismos y a nuestra comunidad mundial de la opresión y la explotación están condenados. Mientras nos neguemos a abordar plenamente el lugar del amor en las luchas por la liberación, no podremos crear una cultura de conversión donde haya una masa que se aleje de la ética de la dominación».[12]

Soñar, descansar y alejarse de la toxicidad de la cultura del trabajo duro son actos radicales de amor por nosotros mismos y nuestra cultura. A menudo hablo de cómo las siestas no te salvarán si sigues defendiendo la antinegritud, la supremacía blanca, el capacitismo y el patriarcado.

Todas estas cosas son lo opuesto al amor y al cuidado. No podemos soñar con nuevas formas de ser mientras seguimos apoyando sistemas de dominación. No podemos simplemente hablar de las esperanzas de un mundo centrado en la justicia mientras nos agotamos a nosotros mismos y a los demás y somos leales a la cultura del trabajo duro. Nuestro sueño debe centrarse en el amor, el cuidado de la comunidad y el coraje de profundizar en las grietas de lo que el entrenamiento de la supremacía blanca y el capitalismo nos ha enseñado sobre quiénes somos y qué nos pertenece simplemente por estar vivos. Hasta que no nos aferremos a la verdad de soñar como un camino hacia la resistencia,

---

12. HOOKS, BELL: «Love as the Practice of Freedom», en *Outlaw Culture: Resisting Representations*, Routledge Classics, Nueva York, 1994.

permaneceremos atrapados en un espacio de pensamiento superficial y egocéntrico. Necesitamos soñar para liberarnos.

Quiero releer las palabras de bell hooks una y otra vez y dejar que penetren profundamente en las reservas de mi corazón. Su conmovedora revelación sobre nuestra motivación para actuar contra la dominación y la injusticia sólo cuando nos afectan directamente y sentimos dolor me sacudió hasta lo más profundo y confirmó las formas en que el individualismo es un camino hacia la muerte y la destrucción. Esta ética del amor es la base de todos los movimientos dedicados al cambio social. El amor es el camino. Y creo que el descanso también lo es. El cuidado comunitario y los anhelos menos egocéntricos elevarán la idea del descanso como resistencia para que siga siendo una práctica espiritual y política.

El descanso es un trabajo somático que conecta el cuerpo con la mente. Es cualquier cosa que haga que bajes el ritmo lo suficiente como para conectarte con tu cuerpo y tu mente. Es un *ethos* que se mantiene firme en el cuerpo como un lugar de liberación. El descanso activo también es un descanso valioso. En el descanso activo, tu cuerpo puede moverse, nadar, caminar, bailar y acceder a un portal. Desde el comienzo de mis imaginaciones sobre lo que es y puede ser el descanso, he repetido constantemente: «Esto es más que tan sólo echarse una siesta». Este trabajo es descolonizador y transformador de cultura. Hablamos de siestas reales: estirar el cuerpo cansado sobre una superficie, cerrar los ojos y dormir durante un tiempo más corto que un ciclo de sueño completo.

Pero también hablamos del misterio de lo que no se ve a simple vista y, en cambio, se siente de manera energética y espiritual. Debes experimentar el descanso. La praxis es el descanso. Tendrás que descansar para creer en este mensaje. No podrás saltarte pasos y apresurar el sueño que se necesita para liberarte de la cultura de la rutina. Por ese motivo me encanta el descanso como práctica de liberación. Va al meollo del asunto.

Cuando estás exhausto, te falta claridad y la capacidad de ver en profundidad. Tu intuición e imaginación están sofocadas por una cultura de exceso de trabajo y desconexión. Debes estar abierto a adentrarte en las grietas para examinarlas y comprenderlas. Puedes tardar años en abrirlas por completo y será toda una vida de práctica, cuidado y creatividad. Es tu comunidad, tu vida y tu cuerpo; por lo tanto, son tuyos para apoyarlos, protegerlos, amarlos y cuidarlos. El agotamiento no nos salvará y sólo nos mantendrá aún más sujetos por las garras de la cultura del trabajo duro. El descanso cambia de forma y quiere tomarnos de la mano mientras damos paso a un mundo bien descansado. Es algo más que una siesta y es una oposición total y una declaración política contra los sistemas que quieren vernos constantemente en movimiento, haciendo cosas y yendo de un lado a otro en un verdadero frenesí.

Cuando aprovechamos el poder de nuestros cuerpos, entendemos que son un milagro, un legado y un lugar de poder extremo. La base para el amor y la recuperación. Sé que hay muchos que han malinterpretado la totalidad de nuestro mensaje de descanso. Estoy aprendiendo al observar los patrones que han surgido en nuestras cuentas de redes sociales a lo largo de los años. Muchos han ignorado de manera deliberada el hilo político y de justicia social que lo atraviesa. Puede ser más fácil creer que descansar consiste simplemente en retirarse a la cama cuando uno está cansado en lugar de comenzar el complicado proceso de de construir sus propias creencias y comportamientos que están alineados con la supremacía blanca y el capitalismo. Debes comprometerte a estudiar cómo el entrenamiento bajo las enseñanzas abusivas de la cultura dominante te tiene atado y limitado. Es un trabajo de sanación. Es un trabajo de justicia. Cuando nos alineamos contra las ideas de la cultura opresiva, entendemos que no llegamos a la Tierra para ser una herramienta para un sistema capitalista. No es nuestro propósito divino. No naciste simplemente para centrar toda tu existencia en el trabajo. Naciste para sanar, crecer, estar al servicio de ti mismo y de la comunidad, para practicar, experimentar, crear, tener espacio, soñar y conectar.

Nuestro descanso es un documento vivo y un trabajo que será interminable y se fortalecerá por nuestro tiempo de ensueño. Está encarnado y debe permanecer allí. El mensaje no debe ser nunca cooptado por nadie que intente borrar sus orígenes del mensaje espiritual, político y de justicia en el que reside. Dejemos que las palabras se nos escapen con el fin de obtener el lenguaje de nuestro Espacio de Ensueño. Hemos perdido nuestro camino y buscamos una reorientación que defienda el descanso y el cuidado. Dejemos que nuestros cuerpos sean sus propios dispositivos GPS que nos lleven a nuestro estado natural. Un estado de descanso y conexión. Un estado de amor, sueño y responsabilidad. Un estado de asombro y curiosidad por lo que está disponible para nosotros al otro lado del agotamiento.

Quiero que entendamos que los matices son liberadores. No existe la curación estandarizada. Todos traemos con nosotros una historia de origen, una historia e identidades que están interconectadas. Hay espacio para descansar en la libertad de gestionar tu propio viaje de desprogramación. Nunca se trata de una u otra, sino siempre de ambas. No tienes que esforzarte, apresurarte, aceptar el agotamiento como algo normal y estar en un estado constante de cansancio y privación del sueño. No tienes que matarte espiritual o físicamente para vivir una vida fructífera. Este trabajo de conexión consiste en restaurar, recordar, reimaginar, reclamar, reparar y redimir. Aprender a abrir un camino a partir de lo imposible y ver el otro lado del trauma. Es creer que eres digno de descansar porque estás vivo. Nuestros cuerpos y almas quieren estar bien, sanar, descansar y liberarse del control que la productividad tiene sobre nuestras vidas. Ahora somos dignos de descanso, cuidado y espacio. Ahora somos dignos de vivir en un lugar que respete nuestros cuerpos por lo que son: una morada divina. El capitalismo quiere que seas una máquina. Pero no eres una máquina. Eres un ser humano divino. Podemos ponernos en un trance de descanso y cuidado en nuestros momentos de tranquilidad. Podemos invocar el poder de la lengua como otra herramienta en nuestro equipo de protesta.

Más amor.
Más cuidado.
Más terapia.
Más sueños.
Más ensoñaciones.
Más Espacio de Ensueño.
Más meditación.
Más amor.
Más llamadas para preguntar: «¿Cómo te sientes?».

Más cartas de amor.

Más cuentos para antes de acostarte.

Más fuerza para amar.

Más siestas.

Más descanso.

Más sueño.

Más cuidado.

Situémonos en un trance onírico.

La suavidad está disponible para nosotros. El cuidado también. Lo mismo que el descanso, la intimidad, la comunidad, el sueño, la justicia o el placer. Me autodenomino *artista del escape* como una oda a aquellos antes que yo que encontraron una manera de subvertir los sistemas para ganar autonomía, agencia y justicia. Veo mi imaginación y creación del Ministerio de la Siesta como mi escape definitivo. El trabajo de este ministerio es un cóctel perfecto de mis treinta años como poeta, artista, activista, erudita, investigadora, soñadora y sincera. Ser un artista del escape es un recuerdo y un guiño de respeto a mis antepasados que flotaron a lo largo de los caminos que crearon en el Ferrocarril Subterráneo durante el terror de Jim Crow y la gran migración, siempre afirmando que la supervivencia y la libertad eran la meta. Quiero flotar por el camino para descansar. No deseo un asiento en la mesa del opresor. Quiero una manta y una almohada junto al océano. Quiero descansar. Sueño con un mundo en el que todos podamos descansar, fuera de los sistemas tóxicos que existen hoy en día. Les agradezco mucho que hayan puesto sus cuerpos en el altar del descanso en tiempos de agitación y alegría.

Éste no es un libro que ofrezca una lista rígida paso a paso para que encuentres descanso en un sistema capitalista. Como cultura, ya nos hemos entregado a la binarización rígida que no es ni expansiva ni imaginativa. Lo hemos hecho y hemos sido engañados y manipulados por la cultura del trabajo duro para comprometernos falsamente con vivir en una línea de tiempo que está siempre orientada a la producción. No necesitamos más del mismo pensamiento encasillado y limitado. Es hora de aprovechar nuestra imaginación. Es hora de profundizar en las grietas de quiénes somos como humanos para poder dar sentido a nuestro mundo. El capitalismo es nuevo y nuestros cuerpos son antiguos. La cultura del trabajo duro ha creado un gran número de personas agotadas, desconectadas y traumatizadas que avanzan por la vida, incapaces de aprovechar su verdadero poder. Necesitamos descansar para volver a conectarnos con nosotros mismos y soñar. ¡Descansaremos!

TERCERA PARTE

¡RESISTE!

«Cuando el cuerpo humano es el lugar de dominación también puede ser el foco de resistencia».

—DRA. CAROL NEWSOM, *Apocalyptic Imagination Class Lecture,* Universidad Emory, 2016.

«Sólo cuando las personas viven en un entorno en el que no se les exige realizar un esfuerzo supremo para mantenerse con vida parecen ser capaces de elegir fines distintos a los de la mera supervivencia física».

—HOWARD THURMAN

Inspirado por: American Maroons, Somatics, Third Spaces

Por qué resistimos

La idea de la resistencia es central para el mensaje del descanso y para nuestra vida como seres humanos. Hablo mucho sobre las formas en que el lavado de cerebro y la socialización de la cultura del trabajo duro comienzan cuando nacemos y, a veces, incluso antes, como en el caso del nacimiento de mi hijo. Siempre nos resistimos de maneras invisibles y descaradas. Es muy probable que nuestra alma ya haya estado resistiendo las formas en que la cultura del trabajo duro abusa de nosotros y nos presiona mientras degrada nuestra divinidad. Creo que nos resistimos porque nuestras almas nos están llamando a ver las cosas de manera diferente. Nuestras almas son nuestro centro. Una fuerza invisible, clara y silenciosa que se requiere para vivir. Conoce el camino, al igual que el descanso. Por lo tanto, cuando no cuidamos nuestras almas o incluso no reconocemos que tenemos una, no podemos poseer el conocimiento interior con el que nacemos. El descanso es el cuidado del alma porque presta deliberadamente mucha atención a las partes más profundas de tu persona. El descanso sitúa el cuidado del alma en el centro de nuestro bienestar y liberación. Ninguno de nosotros se liberará sin resistir contra los sistemas tóxicos que nos ciegan a la verdad de quiénes y qué somos. Deberíamos sentir curiosidad por nuestras almas y las formas en que el descanso puede consolarnos, sanarnos y descubrir lo que la cultura del trabajo duro nunca nos ha permitido sentir. Nuestros cuerpos tienen información que compartir con nosotros. Nuestras almas son fundamentales para nosotros y para nuestro viaje de resistencia hacia el descanso. El alma, si bien es fundamental para nuestra forma de transitar por la vida, también ha sido un misterio para los teólogos y líderes religiosos a lo largo de la historia. Muchos han afirmado que el alma es el centro de lo que somos, además de la parte más hermosa y poderosa de nuestro cuerpo. ¿Qué dice tu alma? ¿Tu alma ya está resistiendo contra el terror de la cultura del trabajo duro de manera silenciosa e inconsciente? ¿La idea del descanso como una forma de resistencia te atrae porque te toca de una manera que está más allá de la comprensión? ¿Has tenido momentos en los que has observado el ritmo de tu vida y no te ha parecido verdadero para tu alma? Creo que nuestras almas nos están diciendo que no descansar es una farsa y que sin el cuidado que proporciona el descanso nuestras almas mueren. Por eso nos resistimos tanto en el exterior como en el interior. Por eso debemos resistir y escuchar el débil sonido de nuestras almas que nos guían para ver nuestro mundo más descansado y humano.

Detective de mi propia alma
Amante de lo desconocido
Creyente en fantasmas
No me dan miedo
Siempre resistimos porque nuestras almas son profundas
El velo es fino
Descansa, rompedor de velos, le pido a mi alma:
«Dame vista para ver lo que realmente está sucediendo.
Dame un tercer ojo. Un ojo del corazón».
Siempre hay más en la historia
Siempre hay algo más detrás de la mentira
Depende de quién lo esté contando
Me preocupan las duras realidades
Nuestra brutal orientación hacia el olvido:
«Nacimos para descansar. Nacimos para resistir».
Las historias desconocidas
Las piezas que quedaron fuera
El cuidado de las almas
Reclamemos nuestro derecho divino al descanso

La parte de resistencia de nuestro marco de trabajo Descansar es resistir es lo que impulsa a este trabajo hacia un movimiento de justicia política y social. Existe en la antigua tradición de liberación negra de una política de rechazo, abandono y conexión con los marginados. Cuando pienso en la resistencia, imagino todas las pequeñas y grandes formas en que mis antepasados y mi familia remezclaron y reimaginaron sus vidas en un mundo tóxico y antinegro. La manera en que se adentraron en las grietas para crear espacios de alegría y libertad. Embaucadores que utilizan su propia inteligencia, intelecto y creatividad para abrirse camino en un lugar donde éste no existe. Para crear un camino que no estaba ni está interesado en las formas de este mundo, de modo que la creación de un nuevo camino se convirtió en un ritual diario.

Como he dicho, se trata de algo más que echarse siestas. Se trata de un viaje profundo hacia la descolonización y el regreso a nuestro estado natural, antes de que nos infligieran el terror y las mentiras. Resistir significa ablandarse ante la poderosa propuesta de prosperar ahora mismo. De no esperar el permiso de una cultura tóxica que bloquea la justicia y se mueve desde un lugar espiritualmente deficiente.

La idea del descanso como resistencia siempre ha residido en mí, pero profundizo en ella cuanto más tiempo paso escuchando a mi alma mientras sueño muy despierta sobre el ferrocarril subterráneo y me inspiro en los cimarrones de América del Norte. Harriet Tubman es una de las muchas musas de este trabajo. Una mujer esclavizada que se centró en la elección entre la libertad o la muerte. Llegó a la conclusión de que la vida estaba al otro lado del trauma de ser esclavizada. Harriet Tubman creó un espacio para escuchar, elaborar estrategias y orar mientras guiaba a las personas en el ferrocarril subterráneo. Se detenía a escuchar la naturaleza, a rastrear los sonidos de los búhos, y estaba profundamente en sintonía con las estrellas y su mundo espiritual. Me gusta imaginar que nunca fue atrapada por la policía durante su viaje hacia la libertad porque se detuvo, escuchó y oró. Su negativa subversiva y profunda a estar en cautiverio es la energía a la que me aferro. Esta energía de rechazo y abandono fundamenta mi experimentación personal con el descanso como resistencia y es una Estrella del Norte para este Ministerio. La resistencia es una postura espiritual rica que abre la posibilidad de reinvención y conexión. Saber que somos divinos y que somos cuidados nos permite rechazar las mentiras de cualquier sistema opresor. Y también declarar a los sistemas: «No, no pueden tenerme. Mi cuerpo me pertenece. Nunca donaré mi cuerpo a la cultura de la trituración. Descansaré» es una declaración política audaz contra un sistema que ha utilizado los cuerpos como herramienta de opresión durante siglos. Nuestro objetivo es acostarnos porque es nuestro derecho divino hacerlo, no porque preparará nuestros cuerpos para ser más productivos. Nuestro movimiento de descanso no se centra en la productividad. Es, en cambio, un movimiento político y de justicia social arraigado en nuestro descanso colectivo. Debemos resistir juntos. Debemos liberarnos juntos. Debemos descansar juntos.

Nos enfrentamos a sistemas muy violentos en nuestro intento de desestabilizarlos y hacerlos retroceder: la supremacía blanca, el capitalismo, el capacitismo, el patriarcado, el clasismo, la antinegritud, la homofobia, etc. Cualquier sistema que degrade e ignore nuestro derecho divino a recibir cuidados, descansar, disfrutar del tiempo libre y tener espacio debe ser examinado y desenmarañado. Ha llegado el momento de que se acabe cualquier trabajo de bienestar superficial que no hable de desmantelar los sistemas que nos hacen enfermar. Debemos culpar e interrogar a los sistemas. Ellos son el problema.

Una historia oculta que no es muy conocida por la mayoría en nuestra cultura es la de los cimarrones estadounidenses. Esta historia ha sido fundamental para mi comprensión de la resistencia cuando empiezo a conectar los puntos entre el descanso y la liberación. Los cimarrones eran personas negras que navegaban por el terror de la esclavitud al negarse a ser parte de ella. Durante casi dos siglos, saltaron de los barcos de esclavos cuando se acercaban a las costas de América del Norte para no ser vistos nunca más; se organizaron y sustituyeron las plantaciones por las cuevas y los bosques profundos del sur, crearon sus propias comunidades fuera de la esclavitud, y no eran fugitivos, sino que vivían en un Tercer Espacio, un lugar temporal de alegría y libertad. Se liberaron a sí mismos y a los demás en comunidad. Existían en dos mundos. Estaban en el mundo de la esclavitud pero sin ser parte de él. Reclamaron su autonomía y soberanía mientras el violento sistema de trabajo de las plantaciones arrasaba a su alrededor. Dijeron a los sistemas: «No, no pueden tenerme. No les pertenezco» y encarnaron esa llamada intensamente. En 2014, cuando asistí a un curso de formación de una semana en Nueva Orleans para organizadores centrados en la liberación de tierras de los negros, oí hablar por primera vez de los cimarrones estadounidenses. No hay que pasar por alto el hecho de que yo tenía cuarenta y tantos años, había estudiado toda mi vida la historia de Estados Unidos y estaba estudiando la liberación de los negros en el posgrado y no había oído hablar de esta poderosa historia antes de este curso de formación. Hay muchas historias que se han ocultado, borrado y perdido. Los estadounidenses saben muy poco sobre su propia historia y aún menos sobre la del mundo. Avanzamos por la vida exhaustos, desconectados y sin contacto con lo que somos, de dónde venimos y sus implicaciones actuales. Conocer verdaderamente los detalles extremos de la historia tiene el potencial de abrir un gran pozo de posibilidades, motivación, planes, orientación e inspiración.

Cuando digo que he aprovechado la idea de reimaginar el descanso en un sistema capitalista, es porque me inspira el poder de los cimarrones estadounidenses. Si existe una lectura obligatoria para este ministerio, diría fácilmente que es *Slavery's Exiles: The Story of the American Maroons,* de Sylviane A. Diouf. El libro es un recurso intensivo sobre las formas de resistencia. La manera en que los cimarrones se organizaron para sobrevivir y prosperar es asombrosa. La forma en que crearon un mundo entero dentro de otro opresivo para poner a prueba su libertad y recuperar la autonomía me recuerda las formas espirituales y metafísicas en que debemos reimaginar y cambiar nuestro camino hacia el descanso intencionado.

Me llevó meses empezar a comprender lo que los cimarrones crearon y elaboraron. No eran fugitivos y, en cambio, simplemente nunca aceptaron el papel de esclavos y nunca permitieron que la plantación fuera su hogar. Esto se relaciona con las formas en que comencé a verme a mí misma a medida que me desenmarañaba una y otra vez de la cultura del trabajo duro. Si queremos encontrar descanso ahora, mientras el capitalismo sigue haciendo estragos como una fuerza global, tendremos que visualizarnos desde una perspectiva diferente. Las cosas serán distintas. Debemos actuar de otra manera. Tomaremos decisiones de manera diferente. Tendremos la oportunidad de resistir de manera distinta e imaginar formas alternativas de descansar.

Debemos dejar espacio para que otros descansen y mantener nuestro compromiso con lo que es verdadero. A pesar del terror que nos provoca la cultura del trabajo duro, descansamos. Nos reclinamos, organizamos y creamos momentos de descanso donde podemos. Debemos mantener nuestro compromiso con la reivindicación de nuestro derecho divino a descansar y participar en el cuidado comunitario.

Tenemos que desconectarnos a nivel espiritual de las artimañas de la cultura del trabajo duro mientras todavía vivimos físicamente en ella. Debemos desarrollar en lo más profundo de nuestro ser un rechazo metafísico y espiritual. El capitalismo puede no caer en nuestras vidas y no es redimible, por lo que el trabajo consiste en comenzar a recuperar nuestro cuerpo y nuestro tiempo de maneras que parecen imposibles de imaginar. Debemos reimaginar. Éste es el momento de descansar y resistir. No podemos permitirnos el lujo de esperar a que los poderes fácticos creen un espacio para que tengamos momentos de profundo descanso y cuidado. Si esperamos, estaremos atrapados para siempre en la rutina diaria. Resistir ahora significa que tendremos que decidir sobre el descanso como una forma de vida reimaginada. Al igual que los cimarrones del sur de Estados Unidos, mi práctica de descanso comienza con los dones mentales, emocionales y espirituales que descubrí que me estaban robando a través de la cultura del trabajo duro. Me acerqué cada vez más al borde y, a medida que aumentaba mi agotamiento, mi espíritu comenzó a susurrar: «No más. Debes bajar el ritmo. Descansa un poco».

Para iniciar tu proceso de desprogramación debes abrazar cuidadosamente el espacio de resistencia a las mentiras de la cultura dominante. Es un lugar sagrado. Es un espacio creativo, inventivo, innovador, expansivo y transformador. Aquí es posible hacer muchas cosas. En lugar de temer a lo desconocido que hay al otro lado de la desaceleración, comienza a verlo como un lugar sagrado que está listo para acogerte y hacer espacio para tus dones y talentos inherentes. La cultura del trabajo duro ha situado al miedo como nuestra única brújula y nos mantiene congelados de una manera que ahora es un hábito. Para comenzar y continuar el proceso de descanso en nuestra cultura tóxica y urgente, nuestra imaginación debe ser nuestra única brújula. Es el pegamento que te mantendrá unido mientras te concedes amor a ti mismo a través del descanso. Imagina ahora mismo una vida sin la cultura del trabajo duro.

Puedes crearla porque eres más poderoso de lo que crees. Somos más poderosos de lo que creemos. ¿Qué liberación puedes crear fuera de la cultura del trabajo duro? ¿Qué información puedes intercambiar contigo mismo y con los demás para encontrar descanso? ¿Estás listo para empezar poco a poco a imaginar cómo sería tener todo lo que necesitas? ¿Tienes la curiosidad suficiente para probar el descanso?

Mi práctica de descanso comenzó con siestas de quince minutos en el campus del seminario y una vez que regresaba a casa. También descansaba cuando intentaba estudiar. Implementé momentos de observación del cielo entre clases que implicaban sentarme fuera y mirar el cielo. Estar en la naturaleza, respirar lentamente, mientras a veces navegaba por mi día con cuatro horas de sueño de la noche anterior, fue un cambio de vida. Cuando no podía salir, miraba por las ventanas y observaba cómo las hojas de mi árbol favorito se balanceaban con el viento. Cuando no había ninguna ventana, hacía técnicas que aprendí en la clase de ballet, entrenamiento somático y ejercicios de respiración que aprendí en talleres de parto. Las tres prácticas implican concentración extrema, respiración intencionada y coordinación.

Un estudiante de último año que fue mi mentor compartió este ejemplo de sabiduría: «Me resultaría muy difícil participar en un programa de teología si no encontrara formas de salir de mi mente y entrar en mi cuerpo».

Como artista, esto también sería clave para mi éxito. Durante el tiempo que pasé en el seminario, me apunté a clases de danza y somática como una oportunidad para equilibrar todo el trabajo pesado que me suponía estudiar y leer siete días a la semana. Descubrí que, como estudiante de posgrado en la facultad de teología, podía solicitar asistir a clases en cualquiera de las otras escuelas, así que corrí directamente al departamento de danza y teatro y comencé a asistir a una clase de ballet con estudiantes de danza de pregrado. Esta experiencia aumentó mi comprensión de lo que el cuerpo contiene y de lo que es capaz. Bailar tres días a la semana en la barra mientras un pianista tocaba en vivo las piezas me transformó y me ofreció un consuelo tranquilo que sentía como un ancla en una tormenta furiosa. Mientras aprendíamos los principios de las posturas de ballet, nos preparábamos para realizar un giro. Con la cabeza en su lugar, elegía un objeto visual a la altura de los ojos en la pared del estudio de danza. La mayoría de las veces era un pequeño punto negro, tal vez una mota de pintura, que destacaba de inmediato. Semana tras semana, volvía mis ojos hacia él y marcaba mi enfoque interior. El acto de sintonizarme me tranquilizaba de inmediato. Después de un semestre de esta práctica, mi cuerpo se estaba entrenando para flotar y girar. Un proceso desafiante de escucha y entrega. «No podrás completar el giro sin ir hacia dentro y conectar tu mente y tu cuerpo», decía constantemente la profesora de ballet. Mientras mis ojos se clavaban en la pared, comenzaba a girar mi cuerpo hasta que los ojos alcanzaban una rotación y fijación que se transformaba en una rotación rápida de la cabeza, llevándose a mi cuerpo con ella mientras regresaba al mismo punto de partida. El giro es una metáfora de una práctica de resistencia arraigada en el descanso. Para resistir las nociones de la cultura del trabajo duro, debemos permanecer encerrados en el silencio y el poder de un cuerpo descansado.

La fijación en el objeto visual para facilitar un giro, la rotación rápida de la cabeza para adelantar al cuerpo y retornar, la conexión entre el cerebro, el centro del cuerpo y los pies para comenzar y finalizar un giro, todo ello proporcionaba una mecánica radical capaz de traducirse en formas de encontrar el descanso. Me sentía reconfortada al saber que un giro, un cambio y un salto estaban a mi alcance simplemente por conectarme y sintonizarme. La conexión con tu cuerpo es una experiencia espiritual. Nunca me he sentido más cerca del Creador que cuando estoy completamente perdida y me encuentro en el proceso del arte corporal. Para poder desafiar la gravedad y girar 360 grados sobre una pierna se necesita una concentración extrema, confianza y entrega. Saber que el descanso siempre es posible es revolucionario para mi alma. También requiere un nivel profundo de entrega al poder de nuestros cuerpos y almas. ¿Confiarás en ti misma para volcarte hacia el interior en busca del descanso?

Entonces, cuando no podía encontrar la comodidad de una cama porque todavía me quedaban seis horas más de un día ya largo, me volvía hacia adentro y me concentraba en mi respiración y visualizaba mi cuerpo en reposo.

Dirigir la atención hacia el interior y alejarla de aquello que está causando el trauma, aunque sea durante unos minutos de manera regular a lo largo del tiempo, es un descanso liberador. Es un cambio de mentalidad y una colaboración con el cuerpo y la mente, y se centra en reparar el daño que crea el hecho de no detenerse nunca y seguir adelante. La cultura del trabajo duro requiere que ignoremos todo lo que no esté centrado en el trabajo y la acción. Resistir mientras vivimos en el mismo sistema que impulsa un ritmo propio de las máquinas será una acción lenta y meticulosa. La ilusión de vivir en el seno de la cultura del trabajo duro ofrece el mito del control. Muchos de nosotros estamos en modo automático, como robots, como máquinas, y no existe lugar para que la magia del misterio y el espíritu se muevan en la vida de las personas. Al ignorar la llamada de nuestro cuerpo a reducir la velocidad, ignoramos la sabiduría inherente que se nos otorga por estar vivos. Podemos resolver las cosas. Creemos que no nos han estafado ni manipulado desde el nacimiento en las formas de la supremacía blanca y el capitalismo. Debemos dar gracias por la evidencia de este lavado de cerebro sistemático. Una vez que lo ves, no puedes dejar de verlo, y quiero que veas con claridad y enfoque que todos vivimos en un lugar que nos hace sentir mal mental y físicamente. Todos tenemos partes de esta enfermedad de alguna manera. Nos han engañado. Por eso es tan importante que creemos sistemas de atención para ayudar a las personas a desmantelar y descolonizar sus mentes. Nada de la forma en que vivimos bajo el capitalismo es normal. Quiero que sientas esto en lo más profundo de tu corazón. No eres indigno. Los sistemas son indignos. ¿Quién eras antes del terror de los sistemas opresivos que te hacían creer mentiras sobre ti mismo y sobre tus semejantes? ¿Qué te han dicho sobre tu valor y existencia? ¿Cómo creas espacio para trascender los confines de la cultura del trabajo duro? ¿Cómo creamos espacio? ¿Cómo creamos un hogar? ¿Cómo construimos el mundo en el que queremos vivir? ¿Cómo podemos ser subversivos y flexibles? ¿Cómo creamos una resistencia que sintamos como un hogar?

La resistencia es una práctica espiritual y un mapa práctico. Aprendemos a abrirnos camino construyendo sobre la marcha. Resistimos creando facilidad e invención. Resistimos reclamando autonomía y ocio. Seguimos siendo flexibles y estamos dispuestos a cambiar cuando nuestros cuerpos piden descanso. El punto principal de mi propuesta de cómo resistir se remonta siempre a la brillantez de los cimarrones de Norteamérica. Vivieron y prosperaron en dos mundos, construyeron espacios seguros. Crearon un lugar alternativo de libertad a kilómetros de las plantaciones y, a veces, en su patio trasero, en lo más profundo del bosque, oculto a plena vista y a la vez escondido.

Los cimarrones también vivían en cavernas.
Eran un refugio natural que ofrecía más espacio y mejor protección
que los árboles, como descubrió Josh, del condado de Richmond
(Georgia). Primero intentó vivir bajo un tronco hueco, pero cuando
un oso tuvo la misma idea, tuvo que buscar otro alojamiento: grandes
cavernas bordeaban la plantación de su dueño y Josh se apropió de
una. George Womble, de Valley (Georgia), conocía a una pareja que se
alojaba en una caverna cerca de su plantación y criaba allí a sus hijos.
Su escondite era tan bueno y tuvieron tanto éxito eludiendo la captura
que sólo reaparecieron después de la guerra civil.[13]

¿Cómo puedes resistir la atracción constante de la cultura del trabajo duro en tu vida diaria? ¿Existen momentos de conexión muy concentrados que puedas dar para conectar tu cuerpo y tu mente? ¿Puedes reducir más el ritmo? ¿Puedes hacer menos?

¿Cómo podemos resistirnos a los sistemas violentos que están arraigados en nuestra cultura? ¿Cómo podemos descansar realmente? Lo hacemos mediante la reimaginación. Lo hacemos poco a poco con una fe radical y una experimentación constante centrada en la resistencia.

Como somos del todo consciente del motor que impulsa un sistema capitalista, nuestras fuerzas guía son la resistencia, la imaginación, la reimaginación, la invención, la flexibilidad y la subversión. Reimaginar el descanso se parece a muchas cosas. Las posibilidades son infinitas. El descanso se asemeja a conectarse y escuchar lo que tu cuerpo y

---

13. DIOUF, SYLVIANE A.: *Slavery's Exiles: The Story of the American Maroons*, New York University Press, Nueva York, 2014.

alma quieren. Darte un baño es tener tiempo adicional, incluso diez minutos más de silencio concentrado. El descanso es dar un paseo tranquilo y bailar. Es un ritual del té que te permite meditar mientras respiras cada sorbo tibio. No es responder un correo electrónico de inmediato y sí mantener límites saludables. Es respetar los límites de las personas con las que te relacionas. Es rechazar la urgencia. Es desintoxicarse de las redes sociales. Es escuchar y sanar del trauma individual. Es llevar un diario para que puedas ser testigo de tu propio conocimiento interior sin la energía de los demás. El descanso eleva y fortalece nuestro espíritu, y nos permite saber que somos suficientes y que el cuidado de nuestras almas merece un papel en nuestros planes de curación.

Hay un espacio de sueño y visión al que se puede acceder durante las siestas. Cuando no hacemos la siesta, perdemos un tiempo creativo valioso para tener esperanza e imaginar. La esperanza es lo que nos sostendrá. El sueño nos restaurará. La paz mental nos elevará a nuestra forma más alta mientras nos protege espiritualmente de la invasión de la muerte espiritual que proviene de la falta de sueño, la extenuación y el trauma del agotamiento. Debemos enfatizar colectivamente de manera continua la importancia de una paz interior que proviene de escuchar la necesidad de nuestro cuerpo de descansar y reducir el ritmo. Aquí es donde reside nuestro conocimiento espiritual y por qué debemos resistir cualquier cosa que nos aleje de la escucha. Debemos entrenar con amor nuestras almas para resistir el ritmo urgente de nuestro mundo tóxico; tenemos que seguir encontrando nuestro camino de regreso a nosotros mismos una y otra vez.

La base de la resistencia reside en nuestra capacidad de conectar, escuchar y reparar lo que nos han hecho por habernos desgastado como máquinas humanas. Nuestro descanso colectivo es una meditación y una disrupción de la violencia del capitalismo. El capitalismo merece ser resistido e interrumpido. Es una fuerza violenta y global que nos roba de manera constante nuestro tiempo y nuestro poder. No es redimible y siempre ha sido una fuerza demoníaca que empuja a los cuerpos divinos al límite.

Mi continuo examen del libro *Slave Testimony* dejó una profunda huella en la manera en que veo las señales que me lanza mi propio cuerpo para descansar. También destacó las formas en que repetía la violencia que el capitalismo infligió a mis antepasados durante la esclavitud. El libro fue y es un testigo y un espejo para mí. Mientras estudiaba el texto, aprendí que las personas esclavizadas trabajaban veinte horas al día bajo un Sol abrasador. Los informes que constataban esas jornadas de trabajo desde las cuatro de la mañana hasta la medianoche, todos los días, son inimaginables y me resultaron devastadores. Vivo en Georgia, en el sur profundo, y la tierra aquí tiene un legado de plantaciones y terror. El clima en los veranos es brutal y desgarrador. Recuerdo una vez que estaba sentada fuera un día caluroso de verano, apenas podía respirar y pensaba en la brutalidad de trabajar durante veinte horas seguidas con ese calor todos los días. Se me hizo un nudo en la garganta y las lágrimas se deslizaban por mi rostro mientras imaginaba a mis antepasados soportando esa locura. Aprender que los cuerpos de mis antepasados fueron conducidos a un ritmo de producción a nivel de máquina, mientras los dueños de las plantaciones experimentaban con lo que un cuerpo humano podía soportar, es un dolor que probablemente guardaré para siempre en mi corazón y en mi cuerpo. Como mujer negra que ha soportado el embarazo y el parto, me concentré en el relato de cómo era la vida de una mujer esclava embarazada. Aprendí que trabajaban en los campos hasta que daban a luz y que muchas también daban a luz en los campos. Visualizar a una mujer embarazada participando en el trabajo de la plantación mientras estaba embarazada de nueve meses y luego dando a luz en ese mismo campo me dejó mareada, confusa y desconcertada. Esa brutal realidad debería sacudir hasta la médula a cualquiera. Ese recuerdo me detiene en seco cada vez que siento que mi propio cuerpo es empujado a niveles de exceso de trabajo extremo, y apoya mi compromiso de descansar como una forma de resistencia y protesta. Simplemente no puedo y no lo haré más. He conectado los puntos espiritual y físicamente entre esta historia y mi vida actual. Resistiré y descansaré pase lo que pase.

La siguiente entrevista fue grabada en 1855 por un abolicionista y periodista. Entrevistó a más de cien personas que habían sido esclavizadas. Éste es un extracto de la entrevista con Harry McMillian. Nació en Georgia y fue esclavizado en Carolina del Sur. Trabajó como peón en la plantación. Estos relatos de primera mano guían mi compromiso intencionado de descansar, reducir el ritmo y conectar.

Pregunta: ¿Cuántas horas al día trabajaba?
Respuesta: Bajo los antiguos horarios secesionistas, desde la mañana hasta la noche, comenzando al amanecer, hasta las cinco o las seis de la tarde.

Pregunta: ¿Pero se detenía para comer?
Respuesta: Tenías que llevar tus alimentos junto a tu azada; los cocinabas tú mismo durante la noche o bien se asignaba a una anciana para que cocinara para todos los trabajadores, y ella o tus hijos llevaban la comida al campo.

Pregunta: ¿Nunca se sentaban a comer juntos, en familia?
Respuesta: No, señor, nunca tuve tiempo para ello.14

Cuando no ves mucha vida (descanso), la muerte (molienda) se convierte en la alternativa.

Utilizo el descanso para corregir lo que he experimentado como mujer negra en Estados Unidos. Me comprometo con el descanso para construir el mundo que quiero ver. Deseo ver un mundo descansado que esté profundamente conectado con nuestra divinidad y no con la violencia del capitalismo y la supremacía blanca. Este ministerio está guiado por la profunda belleza de la resistencia negra, la erudición negra, la historia negra, el liderazgo negro, el abandono y la creación de sistemas de cuidado fuera de la cultura dominante. Promuevo una política de rechazo desde el comienzo de mis experimentos sobre lo que el descanso podría hacer por mi supervivencia. Una llamada a rechazar la cultura de la rutina, para crear espacios temporales de descanso y espacio sin importar qué. Prosperar en un lugar sin botón de pausa es realmente un cambio mental profundo. Es un Tercer Espacio y un lugar espiritual. Es saber intuitivamente que el ritmo no es sostenible y

---

14. *Ibid.*, p. 380.

una política de rechazo que se abre una vez que te conectas. No es fácil, ya que toda la cultura trabaja en colaboración para mantener esa rutina. La resistencia es muy personal e interna.

La supremacía blanca y el capitalismo nos han privado de la posibilidad de conectarnos en el ámbito espiritual e intuitivo. Nos han socializado para creer en el individualismo y, a partir de él, en la falsa realidad de que todo debe hacerse ahora mismo. Para mantener este ritmo, aumentamos y hacemos más cuando el trabajo espiritual consiste en saber que nuestros antepasados ya han hecho el trabajo por nosotros. Podemos acceder a este portal a través del descanso. Nuestros ojos humanos y el cuerpo desconectado y exhausto nunca nos llevarán al nuevo mundo que esperamos construir. ¿Cómo podemos imaginar un mundo liberado de un estado de debilidad, ritmo acelerado y agotamiento? No es posible, y ésa es la trampa de todo.

¿Cómo podemos imaginar un mundo sin policías si no somos capaces de imaginar un mundo que incluya el descanso para todos? ¿Cómo podemos construir sistemas de cuidados si ni siquiera cuidamos de nuestros propios cuerpos y de los cuerpos de los demás?

El descanso es una práctica de amor meticulosa. Es una corrección de nuestros cuerpos de la violencia de vivir en un sistema capitalista de supremacía blanca. Es un amor radical por ti mismo y por los demás en un lugar que ve tu cuerpo simplemente como una herramienta para usar y poseer. Creo que no pertenecemos a estos sistemas. Me guío con la evidencia de mi propia familia y mis antepasados.

Veo el descanso y el Espacio de Ensueño como un lugar para planificar y para dormir, descansar e inventar. El descanso hace que la invención y la imaginación sean accesibles. Nos proporciona la capacidad de poner a prueba nuestra libertad. Nuestras almas necesitan ver de manera diferente. Moverse de manera distinta. Sentir de un modo diverso. Descansar. El descanso como un acto subversivo. El acto más profundo de resistencia.

No dejes que tu falta de dinero y posesiones te hagan sentirte mal sobre tu valor como ser humano. No dejes que tu crédito, la pobreza provocada por el hombre y/o el racismo definan tu poder extremo. Tu cuerpo es un lugar de liberación. Descansa en tu verdadero poder. Tu nacimiento no fue una coincidencia. Tu llegada a la Tierra es un acontecimiento divino. Ellos te dirán algo diferente. La lección de tu vida será luchar por tu vida para no escucharlos. Eres mucho más. Puedes descansar. Puedes cambiar. Puedes sanar. Puedes resistir. Puedes acostarte ahora mismo. Si estás en un espacio seguro que te permita acostarte, hazlo mientras lees. Si no es seguro reclinarte, simplemente reduce la rapidez de tu respiración. Visualiza tu lugar favorito para dormir y relajarte. Dirígete allí con la mente. Que estos momentos de descanso se multipliquen a medida que los integres más en tu práctica diaria.

La política del rechazo es una táctica antigua. No puedo enfatizar lo suficiente la importancia de considerar esta idea y toda la experimentación del Ministerio de la Siesta como una práctica antigua. No es nueva ni una tendencia. Es una necesidad y una forma de supervivencia para muchos. Proviene de un lugar de conexión y conocimiento. Mi desprogramación de la cultura del trabajo duro me ha enseñado que toda mi vida es una resistencia.

Cómo preparar el espíritu y el cuerpo para una siesta.

PUNTOS DE PARTIDA PARA IMPULSAR LA CURIOSIDAD
Y LA EXPERIMENTACIÓN:

1. No podemos esperar a que llegue el espacio o la oportunidad perfectos para descansar. Descansa ahora. En la primera parte, «¡Descansa!», comparto la necesidad de ver el descanso no como un capricho extra al que debemos acudir corriendo, sino como una práctica de amor meticulosa, constante y de por vida. Debemos aprovechar el descanso.

2. Tenemos que creer que somos dignos de descansar. No tenemos que ganárnoslo. Es nuestro derecho de nacimiento. Es una de nuestras necesidades más antiguas y primarias.

3. Nuestros cuerpos son un lugar de liberación; por lo tanto, dondequiera que estén nuestros cuerpos, podemos encarnar el descanso. Este segundo principio del Ministerio de la Siesta es un mantra y una meditación.

4. La productividad no debe verse como agotamiento. El concepto de pereza es una herramienta del opresor. Una gran parte de

su desvinculación del capitalismo incluirá volverse menos apegado a la idea de productividad y más comprometido con la idea del descanso como un portal para simplemente existir. Es muy probable que tu comprensión temprana de la «productividad» esté contaminada por la socialización tóxica que todos recibimos mientras crecíamos. Debe ser examinada.

5. Desprogramar nuestras mentes y corazones del lavado de cerebro tóxico en torno a las siestas y el descanso aumentará nuestra capacidad para crear una práctica de descanso. Nuestro sueño y nuestras oportunidades de atención comunitaria serán más profundos gracias a nuestro trabajo en esta área. Procede despacio y comprende que has sufrido un lavado de cerebro por parte de un sistema que vincula tu valor inherente a cuánto puedes trabajar y producir.

6. La cultura del trabajo duro es violencia. Resiste la tentación de participar en ella. Debes ser flexible, así que resiste también el deseo de volverte rígido. He pasado meses experimentando constantemente con una práctica de descanso diaria o semanal. La semana siguiente me encuentro envuelta en una noche de insomnio para terminar un encargo en una fecha límite. Entramos y salimos de mundos todo el tiempo, así que sé amable contigo mismo. Comienza de nuevo con el descanso. Sigue volviendo a él. Mantente en el Espacio de los Sueños.

Ideas para soñar

Toda superficie en la que te sientas seguro es el mejor lugar para echarte una siesta. Yo me he echado la siesta al aire libre, en sofás, en estudios de yoga, en la iglesia, en el transporte público, en aviones, en mi coche a la hora del almuerzo. Si queremos encarnar el descanso y, al mismo tiempo, romper con la cultura del trabajo duro, no hay límites en cuanto a dónde y cómo descansamos.

El silencio es un sonido. El sonido puede ser sanador, pero no tiene por qué provenir de pistas musicales. Encuentra y cultiva el silencio.

Baños. Ir al agua. Los baños con sal y aceites esenciales son ejemplos de una sabiduría ancestral dedicada a nuestro cuerpo y facilitan siestas maravillosas.

Estiramientos, expansión y suavidad. Almohadas suaves, mantas suaves, respiración suave y un corazón suave.

Desintoxicarse de las redes sociales y los teléfonos con regularidad. Esto requiere planificación y reflexión, porque la adicción a ambos es real en muchos niveles. Cuando comienzo el proceso, elimino todas las aplicaciones de redes sociales de mi teléfono. También planifico el tiempo libre que surgirá cuando no invierta ni un minuto navegando. Debe sustituirse por descanso intencional, oportunidades para conectarse, momentos de estudio, llevar un diario y soñar despierto. Volverás a tu teléfono de una manera que considerarás habitual e imparable. Eso es parte del proceso. Comienza con un plan de desintoxicación para un día y luego avanza a partir de ahí.

Experimenta con rituales de siesta y hábitos de descanso que funcionen en tu caso. Diseña tu propia práctica de descanso.

Lee poesía antes de dormir la siesta o escribe meditaciones para descansar. Dedica un cuaderno como diario de descanso. Repite estas meditaciones con frecuencia.

Qué no es «Descansar es resistir»

Descansamos no para hacer más y volver más fuertes y productivos al sistema capitalista. El descanso no es un lujo ni un privilegio. Esta mentira ha sido inculcada en nuestros cerebros y mentes desde siempre y es hora de comenzar a retirar este velo. El movimiento más profundo de tu peregrinación de desprogramación será desentrañar esta falsa creencia. Un día espero que todos podamos desprogramarnos de la mentira de que el descanso, el silencio y la pausa son un lujo y un privilegio. ¡No lo son! Los sistemas nos manipularon para que creyéramos que es verdad. Los sistemas nos han mentido y nos han guiado ciegamente hacia fantasías urgentes e insostenibles. Hemos reemplazado nuestra autoestima inherente por productividad tóxica. Cuando por fin nos demos cuenta de que una larga lista de cosas por hacer no reemplazará una comprensión profunda de nuestra suficiencia, comenzaremos el proceso de desaprendizaje y desenredo. No tienes que estar siempre creando, haciendo y contribuyendo al mundo. Tu nacimiento también te otorga descanso y ocio.

El capitalismo, en algún momento, me ha capturado a mí y a la mayoría de mi familia, amigos cercanos y comunidad. Estamos bajo el hechizo de perseguir el éxito financiero, obtener dinero y esforzarnos orgullosamente por la riqueza. Nos apresuramos y nos esforzamos por llegar a la meta inalcanzable de la riqueza de la que la mayoría nunca ha disfrutado. La pesadilla del capitalismo siempre ha estado fuera de nuestro alcance: existimos sólo como un producto de ella. Sigue desentrañando. Da gracias por la belleza de la conciencia y la autorreflexión. Nuestra resistencia es un trabajo de sanación profunda. Hay un espejo esperando a que nos miremos. Hay una cama aguardando a que nos metamos en ella.

El descanso no es popular, no se apoya ni se modela en esta cultura. Es un movimiento atípico hasta que se desmantelen el capitalismo y la supremacía blanca. Por lo tanto, no podemos esperar hasta que nos digan que está bien descansar. Nadie te lo dirá. Tendrás que hacer espacio para descansar tanto tú como los que te rodean. Descansar no es un estado de inactividad ni una pérdida de tiempo. El descanso es un espacio generativo. Cuando descansas, tu cuerpo está en su estado más conectado. Tus órganos se regeneran. Tu cerebro procesa nueva información. Te conectas con una práctica espiritual. Honras a tu cuerpo. Estás presente. Todo ello es fundamental para que la liberación y la sanación echen raíces. Tu cuerpo no pertenece al capitalismo, a la supremacía blanca ni al patriarcado. Tu cuerpo es un templo divino y un lugar de imaginación generativa. Un sitio de sanación y libertad.

Creo que cualquier trabajo que tenga sus raíces en el bienestar y la justicia y que no incluya al colectivo, sin un marco de desmantelamiento y descolonización, es un trabajo incompleto. Es un trabajo que es más de lo mismo. Para lograr este nuevo mundo, debemos aprovechar nuestra imaginación, nuestro Espacio de Ensueño y nuestras lecciones de sueños. Estoy realmente interesada en el trabajo de imaginación, en las cosas que se inventan y en honrar la imaginación de quienes nos precedieron. No me interesa la regurgitación de lo que sucede en las redes sociales en torno al descanso. Me interesa el estudio profundo y lento, la investigación y la experimentación personal.

Hasta la fecha, he pasado casi diez años experimentando e investigando sobre el descanso como herramienta de sanación y disrupción del capitalismo. El trabajo sigue evolucionando. Años en los que me he visto atrapada en la máquina de moler, exigiendo a mi cuerpo y luego descansando. Entrando y saliendo de la realidad fluida de vivir en un mundo que ve el descanso como algo frívolo. Me interesa honrar y referirme siempre a mis antepasados, porque mi descanso es una reverencia hacia ellos. Aún siento curiosidad por lo que sucede en los círculos artísticos, los lugares religiosos, los círculos espirituales, las reuniones de organización comunitaria y en los momentos de tranquilidad en los hogares de las personas, cuando están desconectadas en un momento no documentado de cuidado y descanso profundo. Me interesa menos el mundo repetitivo y curado de las redes sociales. Creo que estaríamos más cerca de nuestras metas de descanso si no estuviéramos siempre conectados por la tecnología.

Lo dinámico del mensaje del descanso es que evolucionará y cambiará de manera continua, a medida que dejemos espacio para las formas en que podemos desmantelar y perturbar la supremacía blanca y el capitalismo. No se puede ni se debe encasillar. No es un ideal de un solo paso, y siempre estará evolucionando a medida que crezcamos y comencemos a alejarnos más de la cultura del trabajo duro. El fin es un futuro bien descansado. Nuestra resistencia es el bálsamo para un mundo profundamente traumatizado.

CUARTA PARTE

¡IMAGINA!

«La imaginación es uno de los modos de resistencia más poderosos que los pueblos oprimidos y explotados pueden utilizar».

—BELL HOOKS

Inspirado en: Afrofuturism, Harriet Tubman

Ocupa espacio.
Sé arriesgado en tus observaciones.
Sé un cimarrón.
Decide que nunca volverás a la esclavitud.
Échate una siesta para recibir una Palabra de tus Antepasados.
Sé subversivo.
Abraza el amor radical que está fuera de los confines de la tradición.
Desconfía de todo lo que te enseñaron.
Lleva un cuaderno de investigación.
Sé curioso.
Resiste.
Descansa.

La imaginación como herramienta de liberación

No soy la primera en confiar en la imaginación como herramienta de liberación. Bell hooks y Octavia Butler siempre me han inspirado para creer en la imaginación, y nos ha enseñado que es una herramienta para nuestra mayor liberación. No tengo suficientes palabras para destacar lo que su erudición y su compromiso con la verdad han hecho por mi vida y por esta llamada al descanso.

Han hablado una y otra vez sobre la idea de ver y crear el mundo que queremos ver. Esta parte de nuestra peregrinación hacia el descanso exige invención y acción práctica. Es una encarnación profunda con la comprensión de que debemos estar listos para tomar decisiones que cambien la vida, establecer límites y reimaginar las formas en que sanamos. Creo que esta creación incluye nuestro descanso. Paso incontables horas soñando despierta sobre lo que nuestros cuerpos y mentes serán capaces de descubrir y encarnar desde un estado de descanso.

Creo específicamente que a mis antepasados, aquellos esclavizados en las plantaciones, les robaron su Espacio de Ensueño. Un robo. El espacio que simplemente fue reemplazado por el terror racial y el trabajo violento. Me gusta imaginarlos tramando y organizando planes aún más profundos para la libertad y el abandono desde un estado de descanso. Estoy asombrada por lo que mis antepasados fueron capaces de lograr y crear desde un estado de agotamiento y privación de sueño. Lo sitúo en la categoría de milagro divino, y crea una profunda amplitud para mi esperanza sobre el futuro. Me pregunto qué pueden hacer nuestros cuerpos en esta dimensión y este tiempo desde un espacio descansado e imaginativo. ¿Qué podríamos sanar? ¿Qué podríamos descubrir? ¿En qué cambiaría nuestro trabajo de justicia si todos los involucrados no estuvieran privados de sueño? ¿Qué transmisiones podríamos recibir en nuestros sueños que nos guíen hacia la liberación? ¿Qué conocimiento podrían proporcionar nuestros antepasados cuando conectamos con ellos en nuestros sueños? ¿Qué revelaciones nos estamos perdiendo porque navegamos por nuestra vida a un ritmo similar al de una máquina? ¿Cómo podrías cultivar tu imaginación si te dieras a ti mismo incluso diez minutos de ensoñación diaria? Debemos reimaginar qué es el descanso y qué puede ser para nosotros. Todo lo que hemos aprendido sobre el descanso ha sido falso. Ha sido una mentira. Nuestra llamada consiste en encontrar formas de integrar el descanso y escuchar a nuestros cuerpos. Podemos echarnos una siesta y hallar maneras fuera de la siesta de aprovechar todas las formas en que nuestros cuerpos y mentes pueden conectarse y desacelerarse. Eso es descanso. Hay descanso para los cansados. Para aquellos que trabajan en dos o tres empleos y aún no pueden pagar el alquiler de manera constante. Aquellos que sois padres, trabajáis y vais a la escuela tenéis descanso disponible. Para el cuerpo que no puede trabajar las largas horas que requiere la cultura de la rutina, el descanso es un refugio. Entonces, cuando escucho las respuestas «Nunca podría descansar», «Ojalá pudiera. Estoy tan ocupado», «Me siento culpable cuando descanso. Siento que debería estar haciendo algo», no paso por alto la cruda realidad de la pobreza, los bajos salarios, el capitalismo tardío, las corporaciones que generan miles de millones de dólares mientras que al trabajador no le ofrecen un salario digno y todos los demás engaños y abusos que hacen que parezca imposible prosperar. Entendemos la gravedad que existe cuando se habla de la situación de vida o muerte que la pobreza ha puesto en nuestro regazo.

El descanso perturba y crea espacio para la invención, la imaginación y la restauración. El descanso es una herramienta de la imaginación porque crea espacio para simplemente ser. Ser un ser humano es un milagro ancestral que pasamos por alto cuando trabajamos tan duro para demostrar nuestro valor a través del agotamiento. Si nada más en este libro resuena contigo o llega a las grietas más profundas de tu conciencia, por favor que sea esto: ¡eres suficiente ahora mismo simplemente porque estás vivo! Eres divino, sin importar lo que el capitalismo o la supremacía blanca te hayan enseñado a creer.

Imagina cómo sería, qué sabor tendría y cómo olería creer que no tienes que demostrar quién eres con tus logros y tu trabajo. Esto es el núcleo de esta labor y la base para imaginar una nueva forma de vida. La cultura en la que vivimos no te señala esta verdad profunda. En cambio, te ha dicho y reforzado la idea de que viniste al mundo para ser una máquina, para lograr, para trabajar y para hacer. Nada puede estar más lejos de la verdad y, cuando poco a poco comienzas a creer y comprender tu valor inherente, el descanso se vuelve posible de muchas maneras.

A medida que reflexiones sobre las formas en que puedes integrar y cambiar tu mentalidad en torno al descanso, las siestas y la desaceleración, hazte las siguientes preguntas. Puedes llevar un diario con ellas, meditar y soñar con ellas. Utilízalas como un dispositivo de discernimiento listo para guiar:

1. ¿Qué me siento llamado a hacer?
2. ¿Cómo puedo crear un espacio para que yo y mi comunidad podamos sanar? ¿Qué necesita sanar en mí?
3. ¿Es posible reimaginar la idea de desconectarse y descansar durante un mes entero creando momentos más pequeños a diario o semanalmente?

4. ¿Cómo es para ti el descanso y el cuidado intencionados? Dibuja y traza un mapa visual.
5. ¿Cómo está tu corazón?
6. ¿Quién eres?
7. ¿Qué sostienes en las manos?
8. ¿Qué historia te cuentas a ti mismo? ¿Qué historia más liberadora podrías contar?
9. ¿Cómo puedes crear descanso en este momento?
10. ¿Estás listo para cambiar?

He experimentado con la posibilidad de descansar incansablemente y crear sabbats de un mes de duración en las redes sociales y en el trabajo. Lo he hecho de manera constante y lo considero una de las principales formas en las que puedo seguir inspirándome como artista y activista en medio de la bestia del capitalismo. Lo que he descubierto ha creado espacio para que yo sea una antena para infinitas ideas y descargas. Un contenedor que espera absorber lo que ya está dentro de mí mientras hace espacio para la energía curativa del silencio. Esto es descanso.

Mi sabbat es una práctica personal, espiritual y política. Me detengo para declarar que ya es suficiente y que ya he hecho bastante. ¿Cómo manejaríamos nuestras vidas si creyéramos del todo que ya es suficiente? Creo que la Tierra también está en un estado de agotamiento extremo. El capitalismo no sólo está arruinando nuestras vidas y espíritus a diario, sino que también está matando al planeta mismo.

La Tierra necesita descansar y todos sus habitantes se merecen un sabbat renovado.

Mi sabbat de noviembre de 2019 me reveló mucho sobre las formas en que existimos en un estado de desconexión entumecido que deja muy poco espacio para el cuidado comunitario y la imaginación.

Antes de ese sabbat anuncié y me preparé durante tres meses para estar fuera de todas las redes sociales, sin eventos, sin correo electrónico, sin discutir los detalles del trabajo del Ministerio de la Siesta, sin reservas y sin viajes. Básicamente, imaginé y esperé una experiencia totalmente fuera de la red que incluía dormir, silencio, siestas diarias, muchos baños de sales desintoxicantes, leer libros, no hablar de nada relacionado con el trabajo, escribir un poco, pasar tiempo con amigos y familiares y anidar por completo en casa. La mayoría de estas cosas me sucedieron y hubo muchos momentos de profunda calma y conexión, pero también fue una hermosa batalla. Aprendí muchas cosas, pero la más importante fue que la gente realmente no quiere que descanses porque no tiene un modelo de lo que es el verdadero descanso en un sistema capitalista. Mis límites claros y el tiempo de reposo fueron invadidos y se les faltó al respeto de manera constante. Numerosas veces tuve que recordarle al 90 % de las personas con las que interactué durante mi sabbat que, de hecho, estaba en un descanso intencionado. La gente me escuchaba decirlo y luego seguía hablando sobre el trabajo y pidiéndome cosas. Era fascinante observar el dominio que la cultura del trabajo duro tiene sobre nosotros. Adquirí mucho conocimiento sobre lo radical y transformador que es este trabajo porque ofrece una claridad extrema y una conexión con la intuición de maneras verdaderamente revolucionarias.

Cosas que confirmé en mi sabbat de treinta días

1. Nuestra cultura es adicta a las redes sociales y a la tecnología, lo que nos lleva por el camino del agotamiento. Si no nos proponemos desintoxicarnos de ellas con regularidad, creo que será imposible descansar en profundidad y mantener la conexión con la realidad.

2. La práctica del descanso es una experiencia de lucha y liberación. Nadie quiere que descanses de manera profunda, porque la mayoría de las personas nunca han tenido la oportunidad de practicarlo de manera constante, por lo que no existe un modelo de cómo encarnarlo.

3. Existe una tendencia a hablar y escribir sobre el descanso. En realidad, la mayor parte de la cultura no descansa. La tendencia a hablar y escribir sobre el tema tiene sus raíces en el capitalismo, el pensamiento colectivo tóxico y la oportunidad, ambos conectados a la cultura del trabajo duro y a la forma en que los medios consumen y extraen.

4. Soñar y el Espacio de Ensueño son claves para desprogramarse de la cultura del trabajo duro, y es un espacio profundo de sanación y liberación. Mis sueños mientras me desintoxicaba de la tecnología eran vívidos y detallados, y sentía que estaba en una realidad alternativa todas las noches. Mi intuición se aguzó y mis ideas fluyeron. Durante un período de cinco días, escribí a mano diecisiete páginas de pensamientos e ideas. Investigué la ciencia del *scroll* en dispositivos y los efectos del tiempo excesivo frente a la pantalla. Aprendí que nuestro cerebro cambia con el tiempo. Los primeros diseñadores de plataformas de redes sociales crearon intencionadamente páginas con *scroll* en lugar de páginas que tienen una parada y un final. En esencia, este diseño nos permite desplazarnos durante horas todos los días en un estado casi propio de un zombi.

5. Cada día que descansaba y no tenía prisa, sentía que otra capa de intuición y conexión se derramaba sobre mí.

6. El ritmo cotidiano de nuestra cultura no es saludable, sostenible ni liberador. Vivimos y participamos de la violencia a un ritmo propio de las máquinas. Este espacio tóxico se ha aceptado como la norma. No es habitual.

7. Cualquiera que vaya en contra del ritmo de la cultura del trabajo duro vive como un extraño y corre riesgos. Contraatacar y alterar esta realidad es una resistencia al estilo guerrero. Recibí más correos electrónicos, mensajes de texto y solicitudes relacionadas con el trabajo ese sabbat que cuando estaba disponible y trabajando. Incluso cuando el mensaje de correo electrónico automático informaba al solicitante de que estaría fuera durante treinta días, la mayoría lo ignoraba y me hacía seguimiento en repetidas ocasiones. Me pareció fascinante.

8. Mi sabbat fue un ritual restaurador que transformó mi cuerpo y mi alma. Sentí que mis células tenían la oportunidad de regenerarse y hacer su trabajo de transmitir a un poder superior.

9. No extrañé las redes sociales durante todo el tiempo en que estuve fuera. Era hermoso estar en soledad y no ser atacada por los pensamientos, ideas y comentarios de miles de personas en línea todos los días. Mis propios pensamientos tuvieron la

oportunidad de expandirse y desarrollarse. Me sentí mejor físicamente, pasé mucho tiempo cara a cara con la gente y vagué en mis sueños y en mis momentos de vigilia. Me sentí más humana y comencé a flotar más.

¿Cómo estableceríamos límites para el trabajo y la labor si aprovecháramos las dimensiones espirituales del descanso? En los últimos dos años, he experimentado con sabbats de tres meses de duración. Todos ellos son una hermosa lucha y una práctica de paciencia, establecimiento de límites y misericordia. Para prepararme, examiné mi calendario y establecí un esquema de todas las tareas que podía eliminar. Me sintonicé con las solicitudes que se me hacían el mes que había elegido para el sabbat. Es muy importante anunciar y dejar lo más claro posible a todos en sus esferas que no estarás disponible durante ese tiempo.

Como nuestra cultura no tiene un modelo de cómo es detenerse y hacer una pausa, tu Sabbat es un modelo de enseñanza y una guía. Para mí, mi sabbat no es un período sabático, porque esto último supone que me lo concede una entidad externa para estudiar, viajar, escribir o crear. Crear un sabbat es una oportunidad para un intenso trabajo de imaginación y colaboración con el espíritu. Tenemos la capacidad de imaginar un sabbat que sea único para nosotros y sólo para nosotros. Qué hermoso espacio de invención para escuchar formas en las que puedes desconectarte, aunque sea durante diez minutos, un fin de semana, treinta días o como un regalo para ti mismo por un aniversario o cumpleaños. La intención de un sabbat es salvarnos. La intención del descanso es salvarnos.

Como mujer negra, es un desafío poner en práctica un verdadero sabbat. El mito de que la mujer negra es la mula del mundo, la supermujer y la que salvará a todos me ha generado la lucha para defender mi deseo de un sabbat. El mundo es adicto al trabajo constante de las mujeres negras. Desde la fundación de este país, las mujeres negras fueron obligadas a desempeñar el papel desviado de la madre, de la trabajadora fiel, desinteresada y leal que entregaba su cuerpo y su trabajo a la familia del esclavizador. El hecho de que éste fuera un papel que adoraba y en el que se destacaba es un mito que todavía vemos hoy. A esta cultura le encanta tomar y recibir de la brillantez de las mujeres negras sin ninguna reciprocidad ni vergüenza. Es algo aceptado y esperado.

Yo lo sabía intelectualmente, pero pude aceptar esta dura verdad durante los momentos en que estaba en sabbat. Durante mi primer sabbat, en el que declaré que no aceptaría ningún trabajo, solicitud o proyecto, quienes sabían que estaba en sabbat me preguntaron todas estas cosas. Me decían: «Sé que estás en sabbat, pero ¿puedes pasar una hora grabando este pódcast?». También recibí correos electrónicos constantes que decían: «He leído en tu mensaje de respuesta automática que estarás en sabbat durante treinta días; si regresas antes, me encantaría hablar contigo por teléfono sobre algo que necesito». No existe una visión o modelo de una mujer negra que esté libre de la explotación de su trabajo emocional, físico y espiritual. Desde nuestro secuestro y llegada a las costas de América del Norte, nuestros cuerpos han sido una fuente constante de explotación, extracción, violencia y desprecio. Esto continúa en el presente, ya que las mujeres negras constituyen una gran parte de la fuerza laboral de los cuidadores y reciben el salario más bajo del planeta. Nos roban constantemente nuestro trabajo intelectual sin crédito ni consideración. Se nos considera como las que debemos salvar el mundo, pero somos las mulas del mundo.

Por eso exijo y seguiré anunciando mi sabbat a las masas y a aquellos con quienes tengo una relación estrecha. Incluyo una desintoxicación de las redes sociales como parte de mi sabbat porque las redes sociales son trabajo y, como extensión del capitalismo, quieren mantenerte siempre babeando por más. Nunca estamos satisfechos cuando navegamos durante horas, nos involucramos en debates sobre cosas que sabemos que son ciertas, luchamos contra los *trolls* de Internet y aquellos que roban nuestra erudición intelectual. El derecho que sentimos sobre el funcionamiento interno de las vidas de las personas se satisface con nuestras interacciones repetitivas en línea. Nos sentimos atraídos por las formas performativas que creemos que nos liberarán.

Una verdad que a muchos les resulta incómoda de escuchar y de digerir es la siguiente: una vez que hemos interiorizado el capitalismo y nos hemos adentrado en el ciclo del lavado de cerebro, no queremos descansar, no sabemos cómo hacerlo y no dejamos espacio para que otros descansen. Nuestra imaginación y nuestro sentido de la invención ya no existen en abundancia cuando estamos atados a las cadenas de la cultura del trabajo duro. Seguiré considerando el movimiento del descanso guiado por el Ministerio de la Siesta un trabajo de imaginación porque es nuestra mayor esperanza para el futuro.

En su ensayo de 2000 para la revista *Essence* titulado «A Few Rules for Predicting the Future» («Algunas reglas para predecir el futuro»), Octavia Butler comparte una poderosa verdad relacionada con la imaginación: «El acto mismo de intentar mirar hacia adelante para discernir posibilidades es un acto de esperanza».[15] Si pudiera repetir esto una y otra vez como una llamada a la oración que resonara en los altavoces de todo el país, que se agitara en mi corazón, se susurrara en mis oídos, se grabara en nuestra psique y se tatuase suavemente en las palmas de todos los que sienten incluso sólo un atisbo de esperanza, lo haría. Me sorprende lo que significa discernir y cómo cuando uno está mareado para seguir el ritmo de esta cultura, hay muy poco espacio para ver la luz. Somos incapaces de distinguir entre lo que los sistemas nos exigen y lo que nuestro espíritu y nuestro cuerpo saben que es verdad. Tenemos que abrir espacio para soñar despiertos, contemplar el cielo, para que nuestros cuerpos vuelvan a sus estados naturales. Cuando estamos privados de sueño, exhaustos y quemados, surge un ciclo de trauma. Podemos cultivar nuestra imaginación para anticipar y tener esperanza en el futuro.

Subestimamos la imaginación. La menospreciamos como una pérdida de tiempo, algo que hacen los niños frívolos, y de manera constante promovemos la falsa idea de que la imaginación no hace más que permitir un momento de escapismo en un mundo duro y cruel. Utilizamos esta misma perspectiva cuando pensamos en el descanso. La imaginación que promuevo no es el escapismo, aunque creo que éste tiene un lugar poderoso, especialmente en las vidas de las personas oprimidas. Este trabajo de imaginación permite a las personas ser capaces de ver lo que es posible. Todo lo que vemos en la Tierra hoy, todos los sistemas bajo los que vivimos, fueron creados por alguien. No existían hasta que la gente se sentó e imaginó una manera de darle sentido a su mundo. En el caso de la supremacía blanca y el capitalismo, quie-

---

15. BUTLER, OCTAVIA: «A Few Rules for Predicting the Future», *Essence*, 2000.

nes crearon y experimentaron con estos sistemas violentos encontraron una manera de aferrarse a la creencia tóxica de que las ganancias están por encima de las personas. Encontraron formas siniestras de subyugar y mercantilizar a los seres humanos de una manera que los llevara a su poder y riqueza.

Nosotros también tenemos derecho a construir y reimaginar nuestro mundo.

Debemos comenzar el proceso constante de poner a prueba nuestras posibilidades. ¿Cómo sería un mundo en reposo? ¿Cómo sería un mundo en el que no existiera el capitalismo? ¿Qué pasaría si ya no se creara la pobreza? ¿Qué podríamos imaginar como alternativas al individualismo tóxico que nos está llevando a la muerte colectiva? Nuestra imaginación tiene el poder de abrirnos paso hacia nuevos mundos. Debemos luchar por ello. Debemos imaginarlo. Debemos ver las cosas con claridad antes de que puedan serlo.

A menudo escucho el relato de que es hora de que las instituciones y los gobiernos nos faciliten el descanso, y en esto difiere el marco de referencia Descansar es resistir. Descansamos con independencia de lo que hagan estos sistemas. No esperamos. No pedimos permiso. Nos impulsa el espíritu de ser subversivos, inventivos y disruptivos. Sabemos que esto no será fácil, pero confiamos en nuestra divinidad, en el poder del cuidado colectivo y en un enfoque para aprovechar nuestra imaginación a través del descanso y que eso nos abra camino hacia nuestra liberación de la cultura del trabajo duro. Debemos recordar que no podemos alinearnos con la supremacía blanca o el capitalismo sin sufrir las consecuencias.

No existe una única manera de integrar el descanso en nuestra cultura. Para lograrlo, se necesitarán miles de horas de imaginación. Muchas personas me piden que comparta algunos consejos y formas rápidas de descansar más. Estas solicitudes llegan de manera urgente mientras esperan que les recite una lista concisa y ordenada que les permita desenredarse de toda una vida de socialización. Pero comprender que no existe una fórmula mágica es liberador y esperanzador. Es una contranarrativa a la forma de ser ansiosa y apresurada a la que estamos tan acostumbrados.

La invitación a abordar tu sanación a través del descanso de miles de maneras es revolucionaria. Las revoluciones llevan tiempo. El proceso es largo y lento y por eso estoy agradecida.

Éste no es un libro que se pueda leer para obtener una lista paso a paso y un sistema rígido sobre cómo encontrar el descanso en un sistema capitalista. Nuestra cultura prospera en el mito del procesamiento rápido y de estilo de conveniencia. Ya lo hemos hecho y no necesitamos más del mismo pensamiento encasillado y limitado. Es hora de buscar otro camino. Es hora de aprovechar nuestra imaginación y retornar a lo que nuestro cuerpo y espíritu ya saben. Es hora de profundizar en las grietas de quiénes somos como humanos y comenzar a investigar y descubrir. La sabiduría de tu cuerpo lo sabe. Depende de ti salir del mundo tóxico de la cultura de la rutina. Tu cuerpo está en un estado de agotamiento extremo y, por lo tanto, no puede ofrecerte la brillante guía que te espera al otro lado de la desconexión. Conectarte con tu cuerpo desde un estado de descanso abrirá muchos portales de información. Tienes permiso para experimentar. Vuelve a ti mismo. Inclínate. Inventa. Haz una pausa para que puedas dar sentido a nuestro mundo. Ésta no es una curación estandarizada. El capitalismo es nuevo. Nuestros cuerpos son antiguos y la manera de curarnos es antigua. El descanso también lo es. Este momento es para un trabajo de imaginación más profundo que nos llevará a las partes más profundas de nosotros mismos. Esto es abolición. Esto es imaginar una nueva forma. Esto es trabajo con los sueños.

No siento ningún temor ni ansiedad en mi ser. Mi esperanza y mi alegría son internas y no se basan en las artimañas de nuestra cultura tóxica. Estoy firmemente arraigada en la brillantez y el poder del descanso, el cuidado comunitario y lo que puedo imaginar en colaboración con Dios y mis antepasados.

Estoy firmemente arraigada en la imaginación y en la belleza de mi propia liberación. Me acuesto y sueño despierta. Me niego a dejar que la cultura de la esclavitud me haga caer en la desesperación y el agotamiento. Nunca podré olvidar lo que hacían mis antepasados, incluso durante el terror racial. Se centraban en la alegría, encontraban descanso, creaban arte y hallaban placer en ellos mismos y en sus familias a diario. Ésta es mi esperanza y mi estrella del norte.

El Ministerio de la Siesta es un compromiso con un ideal que puede parecer inalcanzable. Esto lo hace revolucionario porque crea espacio para imaginar y tener esperanza. Ambas son las claves para nuestra liberación. Podemos ver el descanso como un camino para cultivar nuestra imaginación. Cuando nos detenemos a investigar y examinar todas las herramientas que tenemos dentro de nosotros para interrumpir los sistemas dominantes, el portal se abre. Tendremos que hacer una pausa para escuchar y mantener el espacio para la indagación lenta. La práctica del descanso será un viaje de curiosidad que durará toda la vida. Tengo curiosidad por lo siguiente: ¿Cómo será un futuro descansado? ¿Cómo podemos colaborar para crear un mundo donde exista un espacio para descansar para todos? ¿Qué información está disponible para nosotros cuando estamos en un estado de descanso que nos falta? ¿Cómo funciona el agotamiento en contra del poder de la alineación y el flujo? ¿Qué sanación e ideas esperan nuestros antepasados para transmitírnoslas a través de nuestros sueños?

¿Qué pasaría si pudiéramos imaginar colectivamente que tenemos todo lo que necesitamos?

Comencé mi carrera como poeta hace más de veinte años. Escribía e interpretaba poesía en la rica escena de la palabra hablada en Chicago a finales de la década de 1990. También me ganaba la vida enseñando poesía en las escuelas públicas de Chicago y en programas extraescolares para organizaciones comunitarias con jóvenes. Mi trabajo se centraba en jóvenes de entre seis y diecisiete años. Una experiencia reciente que me llega al corazón y que es una práctica de justicia es una sesión que tuve en 2017. Enseñaba en Atlanta, Georgia, con un programa extraescolar para jóvenes de entre once y diecisiete años. Con cariño, organicé un hermoso plan de estudios sobre escritura de poesía. Mi objetivo era introducir los conceptos de detalles, metáfora y lenguaje colorido. Les pedí que escribieran y mapearan el viaje de sus vidas desde el presente hasta el nacimiento. Cada semana colaboraba con ellos durante dos horas. Leían poesía de autores publicados como Langston Hughes, Alice Walker y Nikki Giovanni, y practicaban el arte de interpretar y expresarse a través de la poesía.

A mitad de un programa de catorce semanas, empecé a entender que debía cambiar el plan de estudios. Necesitaba alejarme de mis planes de clase originales y profundizar en guiar su imaginación mediante el estudio del afrofuturismo. Lo hice porque cada semana aquellos jóvenes escribían sobre la realidad de sus vidas, la pobreza, el abuso de drogas, la violencia con armas de fuego, la falta de voz que sentían cuando eran jóvenes, el desempleo que sufrían sus familias, el complejo industrial penitenciario con el que muchos ya habían tenido experiencias. Semana tras semana, me entregaban poemas desgarradores y dolorosos de jóvenes que describían el horror de sus vidas. Estaba agradecida por la seguridad que sentían al compartirlos conmigo y con sus compañeros de clase, y comprendí la importancia de contar la verdad de tu vida. No existía equilibrio, ni esperanza, ni invención de lo que podría ser. Entonces, recurrí a la ciencia ficción, los cómics, la música y el cine para presentar las enseñanzas de Sun Ra, el padre del afrofuturismo, Octavia Butler, Missy Elliott y la exitosa película *Black Panther*, que se estrenaba al mismo tiempo que nuestra residencia juntos. Me sorprendió cuando ese grupo de adolescentes admitió que no veía ciencia ficción, nunca había visto un cómic en papel y tenía muy poco conocimiento de la serie de películas de *La guerra de las galaxias*. A muchos de ellos les costaba mucho salir de su realidad cotidiana. Esto consolidó mi comprensión de cómo la opresión funciona para robarnos la imaginación. Esto es particularmente cierto en el caso de las personas marginadas. Las personas negras y de piel oscura que viven en comunidades destruidas por la violencia creada por la pobreza y la injusticia se ven constantemente privadas del espacio para imaginar. Así que comenzamos una inmersión profunda en el afrofuturismo.

En el afrofuturismo, hay un futuro en el que se resuelven todos los problemas actuales. El futuro es ahora. El afrofuturismo ha implantado en mí una nueva memoria curada por mis deseos más profundos. La creación y la realización de sueños negros. El padre del afrofuturismo es Sun Ra, nacido en 1914 en el sur profundo de Birmingham, Alabama, compositor de jazz, pianista y poeta conocido por su música y cine experimental. Sus brillantes enseñanzas: llevar a las personas negras lejos de la violencia y el racismo del planeta Tierra hacia la creación de un planeta negro. Su reacción artística al trauma de la vida negra en Estados Unidos trae una profunda alegría, esperanza y expansión, incluso si sólo es en nuestros sueños. A las personas negras se les da el espacio para ver más allá, por encima y alrededor de su lugar actual en una sociedad violenta. Esta imaginación trae paz y un futuro liberado. Nuestro trabajo de descanso debe plantarse profundamente en el mar de la imaginación. El afrofuturismo es un colaborador de confianza para el marco Descansar es resistir, porque Sun Ra fue impulsado por la idea de lo imposible. La desprogramación de la cultura de la rutina debe provenir de un lugar en el que nunca se ha hecho. Debemos integrarnos a una realidad que esté muy alejada de la que nos ofrecen todos los días los sistemas opresivos. Estudiar el afrofuturismo y el camino de Sun Ra será extremadamente beneficioso para la elaboración de una práctica de descanso que dure toda la vida. Nuestro Espacio de Ensueño, el portal que nos brinda el descanso, y nuestro deseo de construir un Nuevo Mundo arraigado en el descanso están respaldados por la filosofía de la distorsión del tiempo del afrofuturismo.

Me llama la atención la llamada a creer que el futuro es ahora y que en el futuro todos los problemas de este mundo ya estarán resueltos. La imposibilidad guio profundamente a Sun Ra. «En las notas de su álbum y en las entrevistas, Ra comenzó a esbozar una "mitología astro-negra", una forma de alinear la historia del antiguo Egipto con una visión de un futuro éxodo humano "más allá de las estrellas"».[16] Conecto el trabajo de Sun Ra con mi creación de una práctica de descanso porque para comenzar a interrumpir el robo de mi tiempo por parte de la cultura de la rutina, debo creer en lo imposible mientras guío mi propio camino hacia el ocio, la suavidad, la facilidad, el descanso y el cuidado. Debo creer que es posible descansar. Debo desconectarme de las mentiras que me han dicho sobre mi valor, aunque sea durante unos minutos al día, para que se convierta en verdad. Debo permanecer hiperconcentrada en lo imposible y obtener poder y energía de ello. Mi descanso es posible en un sistema supremacista blanco, patriarcal y capitalista, debido a mi atracción por la vida y el espíritu. Necesitamos este *ethos* si queremos liberarnos de la cultura que nos oprime. Tendremos que soñar sin fronteras y creer que todo es posible. No podemos seguir atrapados en el pensamiento binario. No podemos seguir estan-

---

16. Hsu, Hua: «How Sun Ra Taught Us to Believe in the Impossible», *The New Yorker*, 28 de junio de 2021.

cados en lo literal, con miedo de dejar que nuestra mente y nuestro corazón vaguen hacia el espacio liminal que nos espera cuando soñamos y descansamos.

Al final del programa extraescolar, los jóvenes se pusieron de pie y leyeron poemas que describían cómo sería para ellos un planeta negro. Hablaron de un planeta en el que no era necesario ir a la escuela pública y aprender cosas para un examen, sino que nacías con todo el conocimiento que necesitarías para prosperar. Tu respiración activaría más aprendizaje a medida que lo necesitaras. Había un lugar donde no existían las armas y los alimentos crecían libremente, por lo que nadie pasaba hambre. El dinero nunca se inventó y podías dormir durante días sin que nadie te llamara vago. Uno de mis estudiantes favoritos, un niño de once años, tuvo este intercambio conmigo:

Yo: Entonces, ¿por qué crees que los creadores de ciencia ficción tradicionales representan el futuro sin la presencia de personas negras?

Joven: ¡Porque creen que no duraremos tanto! Pero están equivocados. Somos el futuro.

Todo lo que pude hacer fue sonreír y decir: «Sí, lo somos».

Nuestro descanso ahora abre el portal hacia un futuro descansado.

El futuro es ahora, y está en los movimientos diarios de conexión con nuestro cuerpo, de recuperación del espacio y de imaginación colectiva. El futuro es descanso. Nadie nos dice que es posible descansar en un sistema capitalista. Nuestra imaginación está limitada a soñar siquiera con la posibilidad de una siesta diaria. Puede que nunca lleguemos a un mundo totalmente anticapitalista, pero nuestra imaginación es nuestra resistencia. La imaginación es una forma de cuidado. La violencia de vivir bajo la supremacía blanca y el capitalismo desgasta nuestra capacidad de soñar e inventar. Somos fácilmente manipulados cuando estamos exhaustos y atrapados en la rutina. Hay poder en el evangelio del descanso y en el ministerio que se ocupa de la supervivencia, la prosperidad y la búsqueda de un sentido al mundo. El descanso está esperando para ordenar nuestros amores, calmar nuestros cuerpos exhaustos y perturbar el trauma de navegar por la vida al ritmo de una máquina. Reimaginar permite que la memoria florezca y gane fuerza.

Esta fuerza puede desmantelar la cultura de la rutina y ofrecer redención. Necesitamos recordar y darle sentido al mundo tóxico que intentamos dejar atrás cuando descansamos intencionadamente. Esto alterará el *statu quo* y nos conducirá a un estado imaginativo.

Doy testimonio de las formas en que la cultura del trabajo duro ha destrozado cuerpos, corazones y mentes. Doy testimonio como un acto de resistencia y de esperanza radical. Doy testimonio de todos los nombres de mis antepasados que fueron agotados por un sistema que los veía como nada más que una máquina. Por mi bisabuela Rhodie, con su pistola, que utilizaba para defenderse durante el terror de Jim Crow. Por mi abuela Ora, que siempre se acordó de encontrar una manera, sin importar lo que pasara, de tener paz y descanso cuando a otros les parecía imposible. Por mi padre, Willie, que creó un espacio para simplemente estar antes de fichar en el trabajo. Hay liberación en el recuerdo y en el relato. El agotamiento confina el espíritu y el descanso lo fortalece. Soy una superviviente de las garras del capitalismo y de la pesadilla estadounidense del trabajo y el miedo constantes. A partir del recuerdo, y de la memoria después del trauma, es cuando muchos pueden procesar plenamente cómo han resistido y lidiado con lo inimaginable.

Espacio de Ensueño: cómo me conecté mientras dormía la siesta

Entrar en contacto con el Espacio del Sueño no fue un desarrollo rápido. Todavía puedo recordar el momento exacto en que mi cuerpo y mi mente entraron en el proceso de desenredarse. Estaba acostada en el sofá de la sala de estar de nuestra pequeña casa después de regresar de un largo día en la escuela. Era tarde, alrededor de la medianoche, y saqué mi cuaderno para revisar las notas de una conferencia de ese día. Tenía un examen la mañana siguiente, así que sentía la presión constante de la academia. Mientras revisaba mis notas, por fin me quedé dormida con el cuaderno apoyado en el pecho. Mientras dormía, tuve un sueño vívido en el que sentí que me sostenían en un envoltorio apretado. Era opresivo pero suave y reconfortante. En el sueño, mi cuerpo se sentía libre y descansado a pesar de que en mi mundo de vigilia llevaba sufriendo años de privación del sueño y agotamiento. Este sueño profético fue un vistazo a cómo podría experimentar mi cuerpo y mi mente. Esta ofrenda me permitió comprender que es posible sentirse suave y sostenido en un mundo que se muestra duro y frío. Fue tierno y real, y comencé a seguir ese impulso y a exigir más momentos en ese portal de cualquier forma que pudiera.

Haber crecido en la Iglesia negra, ver lo que el espíritu puede hacer por y para una persona durante el culto corporizado, junto con mi obsesión con el afrofuturismo, hace que me resulte fácil conectar los puntos para que el descanso sea un portal hacia la sanación. Estoy muy agradecida por esta educación que me permitió ver la liberación, el cuidado de la comunidad, el amor propio y la imaginación en tiempo real. Esto creó un espacio temporal de libertad en un mundo que odiaba mi negritud y feminidad. Vi al Espíritu Santo aparecer en la denominación pentecostal y, como resultado, me siento muy cómoda con la corporización y la idea de confiar profundamente en lo que sucede detrás de escena. Cosas que los ojos y los oídos no pueden ver ni oír.

Mi madre es una guerrera de la oración. Es su don espiritual, así que cuando era niña la veía rezar por mí por teléfono con sus amigas y sentir que se producía un movimiento. Existe la posibilidad de transmutar el trauma en poder. Comunicarnos telepáticamente. Las células cambian y evolucionan. El descanso como espacio generativo me parece libertad. No nos dicen que es posible vivir una vida que dé cabida al descanso profundo, al cuidado, al ocio y al espacio. No sólo es posible. Está sucediendo y es la base que marcará el comienzo de un nuevo mundo. No podemos seguir ignorando nuestros cuerpos mientras nos alineamos con la cultura del trabajo duro.

El descanso a nivel somático es una pequeña resurrección. Siempre me ha interesado el concepto de resurrección comunitaria. Todos podemos estar familiarizados con la resurrección sólo desde una perspectiva cristiana, con Jesús resucitando de entre los muertos al tercer día. Fuera de una perspectiva cristiana, creo que la resurrección es una idea poderosa para el activismo y la disrupción. Una resurrección es un despertar a algo nuevo. Es vida, comprensión, respiración, rechazo, pensamiento y movimiento que está vivo y se hace nuevo. El descanso es resurrección. Un levantamiento literal de entre los muertos. La cultura del trabajo duro es una muerte espiritual.

El descanso es una medicina que nos proyecta hacia el futuro. El descanso trastoca y deja espacio para la invención.

Creo que la parte más profunda de la opresión radica en el robo de nuestra imaginación. Me encanta cuando alguien dice: «Estoy sin palabras». En nuestra cultura, nuestra mente siempre está lista para teorizar, analizar y darle sentido a todo. En el descanso y el sueño, nos entregamos a lo desconocido. Podemos permitirnos un momento de libertad. Podemos probar qué se siente al no tener los límites del capitalismo. El camino de la naturaleza es el crecimiento. No podemos lograr un descanso profundo de manera constante si no nos desintoxicamos de manera regular de las redes sociales e Internet. La tecnología no está diseñada para apoyar nuestro descanso ni para hacer espacio para nuestro descanso. Las redes sociales son una extensión del capitalismo y debemos criticarlas de manera continua por lo que están haciendo a nuestros cuerpos.

Soy consciente de que la idea de la resistencia puede resultar aterradora al principio. Muchas veces he ofrecido descansar como alternativa a la rutina, y la respuesta inmediata de un cuerpo exhausto y traumatizado es: «¿Cómo podré pagar el alquiler? ¿Cómo podré comer? Eso parece increíble, pero no es para todo el mundo. Parece un sueño. No es realista». Estoy agradecida de no ser realista y por el legado de imaginación y energía embaucadora que me mostraron mis antepasados. Estoy agradecida de que Harriet Tubman fuera poco realista cuando decidió caminar hacia la libertad, guiada por las estrellas, su intuición y Dios.

La idea de que la justicia no es realista está profundamente arraigada en nuestra psique. Hemos sido socializados desde el nacimiento para ignorar nuestras imaginaciones más profundas, para apresurarnos y creer que toda nuestra vida se basa en lo que hacemos por el capitalismo. Es un ataque implacable que ocurre a diario y a cada hora. El descanso existe para reparar este trauma, miedo y desinformación. No llegué a esta idea del descanso desde un lugar privilegiado. Cuando comencé a descansar para salvar mi vida y conectarme con mis antepasados, era una mujer pobre, negra y *queer* que estaba en la escuela de posgrado a base de préstamos estudiantiles y con una deuda de miles de dólares. Había estado desempleada y subempleada desde que era estudiante a tiempo completo. Tenía un trabajo como trabajadora estudiantil en la biblioteca del archivo del campus por el que apenas ganaba 12 dólares la hora durante unas pocas horas a la semana. También estaba trabajando gratis como parte de una pasantía para mis estudios mientras asistía a clases y cuidaba a un niño de seis años. Soy y fui una estudiante de posgrado adulta de primera generación con un hijo y un esposo que trabajaba más de cincuenta horas a la semana para pagar el alquiler mientras yo estudiaba. Una vez que terminé mi programa, no pude encontrar trabajo en mi campo, incluso después de haber ido a innumerables entrevistas. Recuerdo estar sentada al borde de la cama, llorando, porque tenía menos de veinticinco dólares en la cuenta bancaria, sin coche y sin ahorros. Éste no es un movimiento creado por una persona que habla sobre el descanso desde algún tipo de posición privilegiada, además de estar traumatizada por el capitalismo y la supremacía blanca. Digo que es posible porque soy la niña del cartel y la testigo. El descanso me salvó la vida.

Ésta es una experimentación con la imaginación, la creación de sueños y una política de rechazo. Cuanto antes puedas aceptar con tu corazón y tu mente la realidad de que el descanso no es un privilegio ni un lujo, sino un derecho divino y humano que siempre está disponible para nosotros cuando reimaginamos, más rica y hermosa será la belleza del descanso. Será un proceso lento, así que no intentes asimilar esta información rápidamente ni trates de ignorar tu miedo. Respira hondo e imagina poco a poco tu vida descansada. Concédete gracia y misericordia. Son tuyas, envuélvete en ellas. ¡Puedes descansar! Puedes imaginar. Puede parecer aterrador o imposible, pero es parte del proceso. Puedes crear un portal de descanso, cuidado e imaginación en cualquier momento. Descansar es nuestro derecho divino. Nuestro nacimiento nos unge con el poder de la divinidad.

Este trabajo consiste en algo más que echarse siestas, y es más que dormir literalmente. ¿Cómo me desenredo? ¿Cómo me desprogramo? La respuesta es que lo hagas despacio, y que lo hagas con intención, con cuidado, creyendo que mereces descansar. Nuestra autoestima y valía personal han sido destrozadas por el capitalismo, el patriarcado, el capacitismo y el racismo. Todos nos han hecho creer que no somos dignos y que debemos demostrar nuestro valor esforzándonos a diario para poder recibir amor, atención, descanso, gracia. No se puede repetir lo suficiente lo abusiva que es esta mentira para nosotros. La cultura del trabajo duro nos ha hecho creer que el sufrimiento, la hiperproductividad y el hacer constante son redentores. Esto es mentira.

Antes de decidirme a empezar a experimentar con lo que el descanso podía hacer por mi cuerpo físico y espiritual, me esforzaba al máximo todos los días. No era consciente de que lo hacía a causa de un lavado de cerebro que me habían practicado durante toda mi vida el capitalismo y la supremacía blanca. Simplemente hacía lo que hacían todos los que me rodeaban, intentaba pagar las facturas, ir a la escuela, cuidar de mi hijo y navegar por mi mundo de una manera que pareciera una supervivencia. No tenía ninguna perspectiva externa sobre cómo el ritmo de trabajo a nivel de máquina me estaba agotando. Todos a mi alrededor seguían ese ritmo. Todas las exigencias de mi trabajo, mis clases, mis amigos y mi familia residían en un ciclo de trabajo constante. El silencio y la quietud sólo llegaban cuando finalmente me metía en la cama después de un día de quince horas de clases, trabajo y crianza.

Este movimiento de descanso es un movimiento atípico porque todo el mundo colabora para que no descansemos. El capitalismo sigue en auge y nosotros nos agarramos a un hilo para permanecer fuera de la pobreza extrema. Nos han entrenado para ser como máquinas, y a mi mente consciente eso le parecía normal. Cuando comencé a descansar, incluso una siesta de veinte minutos o diez minutos de ensoñación diaria, el portal del descanso se abrió y mi cuerpo físico y espiritual comenzó a clamar por más.

Se trata de una mentalidad, un cambio de paradigma y una ética que llevará tiempo conformar. Busqué inspiración en mis antepasados y tal vez tú puedas buscar la misma inspiración en los tuyos. Este trabajo tiene sus raíces en el cuidado comunitario y colectivo, así que busca a otras personas a tu alrededor que sientan curiosidad por la sanación. Tu corazón descansado se conectará orgánicamente con otras almas cansadas que buscan descanso y cuidado. Busqué en quienes vinieron antes que yo y encontré formas de crear un espacio para su sanación. Busqué en quienes trabajan a diario tratando de abrirse camino y me sentí inspirada.

Cuando pienso en un Espacio de Ensueño, pienso en un lugar sagrado. Un pozo de conocimiento. Un lugar al que podemos ir que no tiene el peso de este mundo. Un lugar de descanso al que podemos entrar para resolver las cosas. Mi Espacio de Ensueño más profundo me encontró un día mientras dormía en un sofá. Estaba viendo la televisión y me eché una siesta no planificada (mi favorita) y, a medida que me adentraba más en este estado de descanso, comencé a sentir como si todo mi cuerpo se expandiera en el sofá. Sentí que me abrazaba la suavidad. Me desperté en menos de treinta minutos, renovada y lista para el día. Pienso en un Espacio de Ensueño como un lugar que realmente no podemos imaginar. Nuestras imaginaciones más profundas nos están esperando allí: nuestro descanso más verdadero, nuestro camino hacia la curación, el lugar al que vamos para sentirnos seguros. Esto es lo que sucede cuando descansamos.

Hay información en tu cuerpo que quiere ser escuchada, que te permitirá acceder a las partes más internas de ti mismo. Se trata de la encarnación. No se trata de hablar sin cesar sobre el descanso o crear memes en las redes sociales sobre este tema. No se trata de repetir todas las cosas que nuestro cuerpo ya sabe. Tu cuerpo tiene información importante que compartir contigo, pero sólo puede llegar a ti en un estado de descanso. ¿Qué sucede si te estás perdiendo gran parte de quien eres porque estás navegando por la vida desde un estado de agotamiento?

Creo que existe mucha orientación que puede llevarnos a la siguiente dimensión de nuestra liberación que nos espera en nuestro estado de descanso, de sueño, de calma y tranquilidad. ¿Cuánto nos perdemos porque estamos una y otra vez en movimiento y ocupados creando momentos para llenar calendarios? ¿Cuándo haremos espacio para que nuestros cuerpos reflexionen y nuestros corazones se ensanchen para que podamos conectarnos con quienes somos? Nuestro agotamiento nos lleva hacia el camino de la destrucción.

Nuestro agotamiento no nos conducirá a la liberación. Nada puede surgir del agotamiento, excepto más agotamiento, más toxicidad y terror. Éste es el momento de descansar.

Cómo imaginar

Imaginamos estando en comunidad, recibiendo y ofreciendo cuidados radicales, abrazando y corriendo hacia nuestra interconexión. El individualismo nos lleva al camino del agotamiento y la muerte. El cuidado comunitario nos salvará, y podemos soñar con todas las formas de manifestar y diseñar estrategias para el cuidado de las comunidades. Uno de mis momentos más transformadores de cuidado comunitario e interconexión se produjo cuando mi padre murió de repente y la comunidad me abrazó. Los testigos me rodeaban y estaban pendientes de cada movimiento de mi familia. Atendieron a mi madre, la nueva viuda después de cuarenta años de amar a aquel hombre, como un bebé recién nacido. Sus ocho hermanos volaron desde todo el país para ser sus testigos y para lamentarse con ella. Para cocinarle sémola de maíz por la mañana, para acostarse en la cama con ella, para dormir en el sótano en sofás y en el suelo. Si necesitaba algo, lo tenía allí en un segundo.

Ésta es la comunidad sagrada. Ésta es la interconexión que es clave para nuestra liberación. Cuando nos ponemos de pie para ayudar a los demás y decidimos ser implacables en nuestro apoyo y testimonio, podemos cambiar la opresión. La belleza de esta realidad es que se repite de muchas formas en nuestro camino por la vida: en las graduaciones y las bodas. En las aulas y los juzgados, en las marchas de protesta y en los ascensores, en los campos de batalla y en el territorio de las pandillas, durante el parto e incluso en la muerte. Estamos íntimamente ligados unos a otros. Podemos encontrar la divinidad y el descanso a través de los demás.

Dada esta experiencia de ver el trabajo de interconexión en acción, ¿cómo se relaciona con la liberación de personas agotadas en una sociedad capitalista opresiva? ¿Cómo pueden quienes viven al margen activar el poder de la mutualidad para la sanación colectiva contra la cultura del trabajo duro? ¿Puede un encuentro con la comunidad llevar a las personas que se resisten a la cultura del trabajo duro a la liberación y la imaginación? ¿Cómo construye comunidad nuestra ensoñación colectiva? ¿Cómo podemos unirnos para perturbar el capitalismo a través del descanso?

El Dr. Martin Luther King Jr. es uno de mis mentores de artículos. En un extracto del texto clásico «Why We Can't Wait» («Por qué no podemos esperar»), el Dr. King destaca la importancia de la construcción intencionada de la comunidad y el poder de organizarse para la liberación. Cuando se enfrentó a la dura realidad de liderar una protesta no violenta por los derechos civiles en Birmingham, Alabama, el Dr. King creó un ejército radical de voluntarios que ayudarían a sostener el movimiento. Explica: «Los períodos de invitación en las reuniones masivas, cuando pedíamos voluntarios, eran muy parecidos a esos períodos de invitación que tienen lugar cada domingo por la mañana en las iglesias negras: el pastor proyecta la llamada a los presentes para que se unan a la iglesia. No dudamos en llamar ejército a nuestro movimiento. Pero era un ejército especial, sin suministros, excepto su sinceridad; sin uniforme, excepto su determinación; sin arsenal, excepto su fe; sin moneda, excepto su conciencia».[17] Este ejército se convierte en un grupo conectado de individuos capacitados, comprometidos con una causa y dispuestos a luchar espiritualmente por un cambio local. Ésta es la sacralidad de la comunidad radical.

Nuestro trabajo de descanso comprende que el sistema actual no nos dará descanso y que sólo podremos experimentarlo como resistencia con una comunidad de personas capacitadas y conscientes. No podemos sanar solos, y debemos elaborar nuestras prácticas de descanso de manera colectiva, siendo nuestra Estrella del Norte la disrupción, el rechazo y la sanación. Como dijo el Dr. King: «La libertad nunca la da voluntariamente el opresor. Debe ser exigida por los oprimidos». Nuestra interconexión es una forma de resistencia en tiempos que prosperan contra las formas deshumanizadoras en que el capitalismo y la supremacía blanca ven el mundo. Aquellos atrapados y alineados con cualquiera de los dos sistemas deben hacer el importante trabajo de mirarse a sí mismos con un corazón abierto y un espíritu decidido a cambiar y transformarse. Hay que hacer un desenlace más profundo. Nuestro cuidado y descanso abrirán una nueva historia futura.

---

17. KING JR., MARTIN LUTHER, «Carta desde la cárcel de Birmingham», 16 de abril de 1963.

Debemos estar decididos. La cultura del trabajo nos mantiene alejados de nuestra imaginación y en un estado constante de explicación, al borde de las lágrimas, exhaustos, provocados y preguntándonos. ¿Cómo podría una aceptación radical interconectada de la imaginación y el descanso servir como una forma de liberación? ¿Cómo podemos construir una fortaleza de cuidado y vivir en nuestro papel de vecinos? Creo que nuestra supervivencia espiritual contra la cultura del trabajo reside en el cuidado comunitario. No somos nada sin los demás. Si no observamos de cerca nuestro propio trauma en torno a la violencia de la cultura del trabajo, no seremos nada, buscaremos sólo existir. ¿De qué manera participas como agente de la cultura del trabajo? ¿Te alineas con aquellos que intentan explotar nuestro trabajo y atención? Quiero que nos liberemos de infligir violencia a nosotros mismos y a los demás porque no nos hemos detenido lo suficiente o no hemos dado un paso atrás para analizar lo que sucede cuando intentamos seguir el ritmo de la cultura del trabajo. No hay forma de seguir el ritmo de nivel de máquina que requiere el capitalismo. No es sostenible y el primer paso para alejarnos de este ritmo y crear espacios de descanso y cuidado es hacer crecer la imaginación.

La idea del descanso como resistencia es una contranarrativa de la historia dominante. La protesta y la resistencia no miran en una sola dirección. Es lo que realmente está sucediendo en el terreno, en los pequeños e importantes detalles de nuestras vidas. Dice: «No, ésta no es la historia completa. Tengo otra perspectiva. Puedo hablar por mí mismo». Es vivir cuando alguien te dijo que debías morir. Es centrarte en la alegría cuando el dolor y la opresión te rodean a diario. Es vivir en tu verdad, incluso cuando tu corazón tiembla ante la idea de ser vulnerable. Es dormir la siesta cuando toda la cultura te llama perezoso. Es dormir cuando el capitalismo te ha dicho que no estás haciendo lo suficiente. Es honrar un día, una semana, un segundo para el sabbat. Es reimaginar cómo puede ser un sabbat en función de tu propia historia. La resistencia es rendirse cuando te han dicho que sigas adelante. Es escuchar la voz que susurra dentro de ti para que seas productivo cuando tu respiración es toda la producción que alguna vez se necesitó. Simplemente sigue descansando. Repite una y otra vez para ti y para quienes te rodean que el descanso es tu resistencia. La repetición es un concepto poderoso para la desprogramación, y espero que te quedes con la cabeza sobre una almohada y en las estrellas imaginando nuevos mundos. Repite las siguientes meditaciones una y otra vez.

Meditaciones para descansar:

1. Merezco descansar ahora.
2. Soy digno de descansar.
3. No soy perezoso. ¿Cómo podría serlo? Mis antepasados son demasiado brillantes para eso.
4. El capitalismo quiere que mi cuerpo sea una máquina. Yo no soy una máquina.
5. Soy un ser humano mágico y divino.
6. Tengo derecho a resistirme contra la cultura del trabajo duro.
7. No tengo que ganarme el descanso.
8. Haz menos y observa cómo prospero.
9. La comodidad es mi derecho de nacimiento.
10. ¡Descansaré!

Conclusión

Ve a la cama. Ve al sofá. Busca una hamaca. Entra en el portal de las siestas. Ve allí a menudo. No tienes que esperar a recibir el permiso de la cultura dominante. Tu cuerpo es divino y soberano. Ve a sus espacios de descanso, alegría y libertad. Créalos en tu imaginación, en tus comunidades, en tu hogar, en tu espacio de trabajo, en tu corazón. Sueña despiertos en tu colectividad. Haz todas estas cosas con otros. No nos curaremos solos. No prosperaremos solos. El cuidado comunitario es nuestra gracia salvadora y nuestra comunión. El cuidado comunitario nos salvará. Ya nos está salvando. No habrá respuestas instantáneas a nuestras preguntas sobre el descanso como resistencia. No deseamos nada rápido e instantáneo porque ambas ideas ignoran nuestras complejidades como seres humanos. Debemos ser más humanos. Queremos bañarnos y empaparnos de nuestras complejidades. Deseamos tomarnos nuestro tiempo. Queremos aprovechar el pozo sin fondo de sabiduría y sorpresa que nos espera dentro del portal del descanso. Hay poder en los matices y en la expansión. Ve al agua. Ve a las profundidades del océano dentro de ti. Flota allí. Descansa allí. Imagina y sueña allí. Se acabó el juego para las mentiras de la supremacía blanca y el capitalismo. Sabemos. Los velos se han levantado y con cada siesta estamos más cerca de vernos a nosotros mismos como realmente somos. Sabemos que esto no será fácil, ya que los sistemas probablemente ganarán más poder antes de que finalmente se quemen. A medida que descansamos colectivamente y nos desenredamos de nuestra alineación con la cultura del trabajo, las capas se despegan para mostrar la verdad de nosotros mismos. Somos más de lo que alguna vez nos han dicho y debemos seguir viéndonos unos a otros y a nosotros mismos, sin importar cuán distorsionados y agotados nos presentemos. Vete a la cama. Acepta todo lo que has ignorado y luego descansa más. ¿Qué quiere tu cuerpo? ¿Qué necesita tu alma? ¿Cuáles son los susurros que han sido silenciados por los engranajes de la cultura del trabajo? ¿Qué nos hemos perdido en nuestra urgencia y prisa? Éste es sólo el comienzo, y por esta verdad debemos estar agradecidos por la conciencia, la información y el poder y el tiempo recuperados. Ésta es una transmisión, un manifiesto para la peregrinación del descanso. Vuelve a él a menudo. Mantenlo cerca de ti. El mensaje seguirá repitiéndose. Considéralo como evidencia de que no estás solo en tu deseo de liberarte del agotamiento. Nuestro grito de batalla y mantra: «¡DESCANSAREMOS!». Dilo en tu corazón, susúrralo en voz alta, repítelo mientras te quedas dormido, díselo a tu vecino: «¡Descansaremos! ¡Descansaremos! ¡Descansaremos!».

AGRADECIMIENTOS

Este libro no existiría sin las siguientes personas que me levantaron y me envolvieron en la energía más pura del cuidado comunitario.

Mi más profundo agradecimiento a:

Mi esposo y compañero de vida Tommy. Cuando quise dejarlo, no me lo permitiste. Tus palabras, presencia y apoyo eterno han hecho que el tiempo que he dedicado a crear este libro fuera suave y estuviera protegido.

Helen Hale, mi colaboradora artística y hermana creativa. El arte que hemos creado con oraciones, velas y visiones ha cambiado mi vida. Gracias por estar conmigo en el inframundo de las posibilidades.

Mi más profundo agradecimiento a mi comunidad de Atlanta y mi ciudad natal, Chicago, que creyeron en este mensaje de descanso desde el momento en que lo susurré.

A quienes han dedicado horas de su tiempo para cuidar espacios sagrados para el descanso y el cuidado: Yellow Mat Wellness, John y Katherine Heinz, Free Street Theater de Chicago, Krista Franklin, Jamila Raegan, Tracie Hall de Rootwork Gallery, Charlie Watts, The Black Mecca Project y, lo más importante, los miles de personas que han venido a nuestras instalaciones de descanso para echarse una siesta y mantener un espacio para el cuidado comunitario. Gracias por confiar en mí para guiaros hacia el portal del descanso, por vuestra vulnerabilidad y compromiso con la disrupción. Que todos encontremos y creemos momentos de descanso dondequiera que estemos.

BIBLIOGRAFÍA

LA BIBLIOTECA DEL MINISTERIO DE LA SIESTA

Estos libros han sido una tormenta silenciosa en mi comprensión de la liberación, el descanso y la resistencia. Espero que sean útiles para tu peregrinación de descanso de por vida. Puede llevar años implicarse verdaderamente con un solo título de esta lista. Por favor, no te apresures ni lo veas como una competencia de lectura. No hay urgencia, sólo la alegría del descanso, el estudio y la investigación de por vida.

Blassingame, John W. (ed.): *Slave Testimony: Two Centuries of Letters, Speeches, Interviews, and Autobiographies,* LSU Press, 1977.

Butler, Octavia: *La parabola del sembrador*, Capitán Swing Libros, 2021.

Cannon, Katie Geneva; Townes, Emilie M. y D. Sims, Angela: *Womanist Theological Ethics: A Reader*, Westminster John Knox Press, 2011.

Coleman, Monica A.: *Making a Way Out of No Way: A Womanist Theology,* Fortress Press, 2008.

Cone, James: *A Black Theology of Liberation: 50th Anniversary Edition,* Orbis, 2020.

Diouf, Sylviane A.: *Slavery's Exiles: The Story of the American Maroons,* NYU Press, 2016.

Forman, Ruth: *Renaissance,* Beacon Press, 1998.

Gay, Roxane (ed.): *The Selected Works of Audre Lorde Audre Lorde,* W. W. Norton & Co., 2020.

Hooks, bell: *All About Love: New Visions,* William Morrow Paperbacks, 2018.

King, Jr., Martin Luther: *Why We Can't Wait,* Penguin Modern Classics, 2018.

Thurman, Howard: *Meditations of the Heart,* Beacon Press, 2023.

ÍNDICE ANALÍTICO

D

154

156

ACERCA DE LA AUTORA

Tricia Hersey es artista, poeta, teóloga y organizadora comunitaria. Es la fundadora del Ministerio de la Siesta, una organización que examina el descanso como una forma de resistencia al organizar espacios sagrados para que la comunidad descanse a través de experiencias de siesta colectiva, talleres inmersivos, instalaciones de arte escénico y redes sociales. Tricia es una pionera mundial y creadora del movimiento para comprender el poder liberador del descanso. Es la creadora de los marcos Descansar es resistir y El descanso como reparación. Los temas que investiga incluyen la teología de la liberación negra, el feminismo, la somática y el trauma cultural. Tricia es nativa de Chicago y actualmente reside en el sur de Georgia.

ÍNDICE

A medida que las limitaciones de los tratamientos convencionales se han ido haciendo más evidentes, las propuestas alternativas y complementarias a la salud y a la medicina se han ido extendiendo cada vez más. Anatomía holística presenta un estudio anatómico, fisiológico y patológico bien documentado, al mismo tiempo que amplía el tema vinculando la ciencia del organismo con una variedad de modalidades alternativas a fin de examinar cómo los seres humanos existen e interactúan en su entorno y experimentan la existencia en términos emocionales y espirituales. En el libro, la terminología con base científica y las descripciones detalladas se entrelazan con múltiples observaciones, a veces humorísticas, así como hechos e ideas, todos ellos relacionados con la vida. En él se examinan los mecanismos, la estructura y las funciones del organismo, y se contempla cómo todo ello se relaciona con conceptos energéticos, emociones y principios ecológicos. La primera mitad está dedicada a la anatomía básica y a la fisiología, mientras que la segunda se centra en los modelos de salud y enfermedad, tanto tradicionales como holísticos, y aborda temas como la patología occidental, la salud emocional, la medicina de los cinco elementos y las causas espirituales de la enfermedad.